En couverture :
Le palais de l'Elysée.
Edifié entre 1718 et 1722 par le comte d'Evreux, acquis par Louis XV en 1753 pour la marquise de Pompadour, l'Elysée (ainsi appelé à partir de 1787) est entièrement rénové sous Napoléon III et devient la résidence officielle des présidents de la République en 1874, lorsque Mac-Mahon s'y installe.
Archives Ouest-France, photo Daniel Fouray.

Ce livre fut d'abord un projet sur lequel nous avons ébauché le travail avec Claude Lebédel, un auteur de titres essentiels au catalogue des Editions Ouest-France : *Comprendre la tragédie des Cathares*, *Les Croisades, origines et conséquences*, *Histoire et splendeur du Baroque en France*, pour n'en citer que quelques-uns. Il n'a hélas pas pu concrétiser le vœu de réaliser cet ouvrage. Mais nous gardons en mémoire les discussions qui auguraient d'une nouvelle et fructueuse collaboration.

collection HISTOIRE

Histoire de la République française et de ses présidents

Texte **Pierre Brasme**
Iconographie **Christian Le Corre**

A mes enfants Damien, Ariane et Philippe
(de Bretagne, du Cambodge et des Philippines)

Editions OUEST-FRANCE

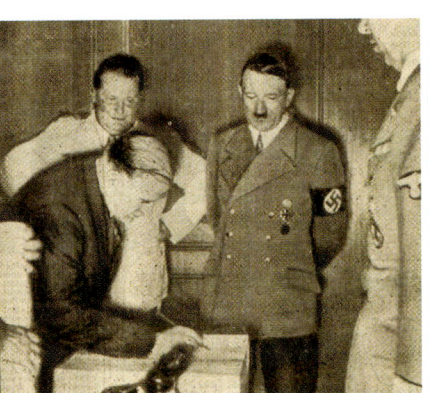  

Sommaire

- 7 Introduction
- 11 La Première République (1792-1804)
- 21 La Deuxième République (1848-1852)
- 31 La Troisième République (1870-1940)
- 79 La Quatrième République (1946-1958)
- 97 La Cinquième République (1958-…)
- 119 Conclusion
- 126 Bibliographie

Introduction

Le 21 septembre 1792, dans un élan unanime et enthousiaste, la Convention abolissait la royauté, et le lendemain décidait de dater désormais les actes officiels de « l'an Ier de la République » ; en deux séances, les représentants du peuple effaçaient plus d'un millénaire d'histoire monarchique.

La République ! La *res publica* des Romains, la « chose publique », le gouvernement « dans l'intérêt général » de la nation... mot magique mais au sens encore vague, chargé à la fois d'espérance et de crainte de l'inconnu (ses « pères fondateurs » eux-mêmes avaient-ils conscience de sa véritable signification et de sa traduction institutionnelle ?), mais dont on ne doutait pas qu'il annonçait le début d'une nouvelle ère, « l'ère républicaine », bâtie sur les principes de liberté, d'égalité et de souveraineté nationale. Cette République, pensait-on, allait apporter le bonheur aux Français et libérerait de leurs rois les peuples opprimés d'Europe. L'espoir allait être vite déçu !

Les menaces pesant sur la jeune République dénaturent rapidement le nouveau régime, qui dès 1793 bascule dans la dictature du gouvernement révolutionnaire et la Terreur. Deux ans plus tard, la République sombre dans l'anarchie du Directoire, avant d'être confisquée par Bonaparte en novembre 1799 au profit d'une autre dictature, personnelle et militaire celle-là.

Après le Consulat et l'Empire (1799-1815) et un nouvel épisode monarchique de trois décennies (1815-1848), la France se donne à nouveau, dans l'euphorie de la révolution de février 1848, à la République ; née dans l'espérance, on la veut fraternelle, sociale et démocratique. L'illusion est cette fois plus brève, avec un rêve vite brisé par un président mystificateur – Louis-Napoléon Bonaparte – élu au suffrage universel direct, qui au bout de trois ans tord le cou de la République pour une couronne impériale.

Sa défaite à Sedan, le 2 septembre 1870, permet deux jours plus tard à Paris de proclamer pour la troisième fois la République. L'enfantement est long, et ce n'est qu'au bout d'une dizaine d'années qu'elle devient vraiment « républicaine » et donne à la France ses premiers vrais présidents et ses grandes

Page de gauche :
Le 4 mai 1848, l'Assemblée constituante proclame solennellement la République sur le parvis du Palais-Bourbon.
Histoire de France populaire, tome 6.

Le procès de Danton. Arrêté le 29 mars 1794 avec Desmoulins, Delacroix et Philippeaux, Danton dénonce au cours de son procès la politique de Robespierre. Exclus des débats, les condamnés sont guillotinés le 5 avril.
Histoire de France populaire, tome 4.

Deux ans après la défaite de 1870, le retour de l'armée française dans les villes libérées : le 79ᵉ régiment fait son entrée à Reims.
Le Monde illustré, 1872.

Le Congrès de Versailles.
Le 3 décembre 1887, les deux Chambres élisent Sadi Carnot à la présidence de la République.
Le Monde illustré, 16 juillet 1887.

lois. Les épreuves lui tannent le cuir : la Commune, le Boulangisme, Panama, l'affaire Dreyfus, la guerre de 1914-1918, mais la crise des années trente, malgré l'embellie sociale du Front populaire de 1936, l'affaiblit : la défaite de juin 1940 l'achève avec la complicité de ceux qui voulaient sa peau et vont pendant quatre ans faire le jeu du vainqueur nazi.

Lorsque, au bout de la nuit de l'Occupation, le général de Gaulle revient dans Paris libéré, il refuse de proclamer la République, considérant qu'à travers la Résistance, et malgré Vichy, elle n'avait jamais cessé d'exister. La précédente ayant failli, une République nouvelle est pourtant à fonder, que de Gaulle souhaite forte, stable dans ses institutions, et respectée. Les partis politiques, redevenus tout-puissants après son retrait, en décident autrement et mettent en place un régime taillé sur mesure pour eux, marqué par la faiblesse d'un pouvoir exécutif à leur merci ; ce régime fait naufrage au bout de douze ans, gangrené par l'instabilité politique et secoué par les échecs de la décolonisation. En 1958, lorsque, revenu au pouvoir au gré des événements d'Algérie, de Gaulle propose aux Français de rebâtir la République, ils n'auront aucun regret pour la « Quatrième », qui laissera le souvenir d'un régime sans envergure et mal aimé.

En 2008, la Vᵉ République aura un demi-siècle d'existence. Il est incontestable qu'elle a su redonner à la France la stabilité politique indispensable à un État moderne, et sur le plan extérieur lui a rendu sa voix au chapitre des nations d'Europe et du monde. Elle a connu, comme les précédentes républiques, des heures difficiles, notamment durant la décennie 1960, liées aux derniers soubresauts du problème algérien ou au décalage avec l'évolution de la société française. Certes, cinquante ans après sa fondation, la « Cinquième » n'a plus le même visage, et peut même donner une impression d'essoufflement. Ses institutions ont évolué, intégrant depuis 1981, sans la bouleverser, des données nouvelles comme l'alternance politique droite-gauche et la cohabitation, mais aussi la présidentialisation croissante d'ambitions politiques personnelles de plus en plus sondées et médiatisées. Dans la mesure où le chef de l'État est devenu dans notre système la clé de voûte des institutions, l'enjeu présidentiel n'en est que plus important, dramatisant désormais tous les cinq ans, quinquennat oblige, ce qui depuis 1962 constitue le moment fort de la démocratie française : l'élection au suffrage universel du président de la République... à cet égard, l'année 2007 est exemplaire !

L'occasion était trop belle de faire le point de notre histoire républicaine. Le cadre de cette collection nous imposant des limites, nous l'aborderons de la manière la plus simple possible, dans un souci de vulgarisation et sans prétention politologique, avec un éclairage particulier sur les vingt-deux présidents dont les mandats ont rythmé l'histoire de la République depuis 1848. Quelle qu'ait été la durée de leur présidence, que leur pouvoir ait été réel ou de façade, qu'ils aient ou non réussi dans leurs entreprises, ils symbolisent notre passé et notre présent républicain, et laisseront leur trace dans notre histoire nationale, car ils auront incarné la République et la France.

La guerre de 1914-1918 suscite un élan national et patriotique qui, le long des tranchées de la mer du Nord aux Vosges, permet à la France de vaincre l'Allemagne.
Carte postale.

Une séance de la commission de la Constitution, sous la présidence de Guy Mollet, secrétaire général de la SFIO (à sa droite le rapporteur, Pierre Cot).
France Illustration, 4 mai 1946.

INTRODUCTION 9

La Première République (1792-1804)

La République confisquée

Page de gauche :
Le premier texte révolutionnaire : la Déclaration des Droits de l'Homme et du Citoyen (26 août 1789). Ici, le texte de août 1793.
Bnf, Paris.

« Les vœux des démocrates sont accomplis : nous sommes constitués en République depuis trois jours. Cela a été l'affaire d'un quart d'heure à la fin de la première séance de la Convention nationale… La chose du monde la plus importante a été la plus facile à faire… Nous verrons si nous sommes capables de réaliser ce beau système. » Voilà ce qu'écrivait à son frère le libraire parisien Nicolas Ruault dans une lettre du 25 septembre 1792, lui annonçant la naissance de la République quelques jours plus tôt.

Celle-ci est d'abord la conséquence directe des événements du 10 août : la prise des Tuileries et la suspension du roi n'ont-elles pas mis fin *de facto* à la royauté et rendu obsolète au bout d'un an la Constitution de 1791 ? Afin de donner à la France une nouvelle organisation politique, l'Assemblée législative a décrété la convocation d'une Convention nationale, élue au suffrage universel, qui aura pour mission d'élaborer une Constitution.

Le 21 septembre 1792 (le lendemain de Valmy), les députés fraîchement élus à la Convention se réunissent dans la grande salle du Manège. Les Girondins, majoritaires, à droite, les Montagnards sur les plus hauts gradins au centre et sur le côté gauche, les modérés (« la Plaine ») au centre en contrebas. Les ténors de la Révolution sont là : Robespierre, Danton, Marat, Desmoulins, Condorcet, Brissot, Vergniaud ; d'autres vont le devenir : Saint-Just, Carnot, Collot d'Herbois, Billaud-Varenne, Fouché. Une seule chose unit les conventionnels : le rejet de la royauté.

La prise des Tuileries, le 10 août 1792, durant laquelle les derniers Suisses qui défendent les lieux tombent sous les balles du peuple et des Fédérés.
Le Petit Journal, 1892.

La bataille de Valmy (20 septembre 1792). Canonnade plus que bataille, victoire morale plus que stratégique, Valmy soude la nation et fonde la République.
Le Petit Journal, 20 septembre 1903.

Maximilien de Robespierre (1758-1794).
Si l'*Incorruptible* s'identifie à la Terreur et à ses excès, il reste l'un des principaux fondateurs du régime républicain.
Histoire de France populaire, tome 4.

Georges Jacques Danton (1759-1794).
Ministre de la Justice au lendemain du 10 août, figure marquante de la Convention dont il est l'un des tribuns, il bénéficie d'une grande popularité auprès des sans-culottes.
Histoire de France populaire, tome 3.

Camille Desmoulins (1760-1794).
Le premier à avoir appelé le peuple aux armes le 12 juillet 1789, il est l'ami de Robespierre, mais se rapproche de Danton avec qui il sera guillotiné.
Histoire de France populaire, tome 3.

Marat à la tribune de la Convention.
Dans son journal *L'Ami du Peuple* et à travers ses discours au vitriol, Jean-Paul Marat (1743-1793) prône des mesures extrêmes contre les ennemis de la République. Son assassinat par Charlotte Corday, le 13 juillet 1793, en fait un martyr de la Révolution.
Histoire de France populaire, tome 4.

Condorcet (1743-1794).
Mathématicien, économiste, philosophe, et une carrière politique brève qui s'achève tragiquement : traqué comme Girondin, il s'empoisonne pour échapper à la guillotine.
Histoire de France populaire, tome 3.

Louis Antoine de Saint-Just (1767-1794).
Benjamin de la Convention, surnommé *L'archange de la Révolution*, il est le fidèle second de Robespierre, avec qui il est exécuté le 10 thermidor.
Histoire de France populaire, tome 4.

L'abbé Grégoire (1750-1831).
Premier prêtre à avoir prêté serment à la Constitution civile du Clergé (1791), il est à l'origine de la création du Conservatoire national des Arts et Métiers (1794).
Histoire de France populaire, tome 3.

C'est justement son abolition que propose en fin de séance, au moment où les députés vont se séparer, l'un des députés montagnards de Paris, Collot d'Herbois. La proposition prend toute l'assemblée de court mais, le moment de surprise passé, elle est acclamée ; le député Basire recommande bien un débat, vite écarté par la sentence de l'abbé Grégoire, qui condamne déjà Louis XVI : « Les rois sont dans l'ordre moral ce que les monstres sont dans l'ordre physique. » Le décret d'abolition est adopté à l'unanimité, et proclamé le soir même à Paris à la lueur des torches. Mais le mot de *république* n'est pas prononcé, comme si personne n'osait encore…

Il l'est le 22 septembre, dans un simple décret proposé par Billaud-Varenne et unanimement voté : « Tous les actes publics porteront dorénavant la date de la première année de la République. » Le 25 enfin, à la demande de Couthon, la Convention adopte la formule qui restera gravée dans le marbre républicain : « La République française est une et indivisible. »

Proclamée, reste à l'organiser. Dès le 29 septembre, la Convention décide la création d'un Comité de Constitution de neuf membres, nommé le 11 octobre suivant avec notamment Danton, Brissot, Vergniaud et Condorcet ; celui-ci, désigné comme rapporteur, impose très vite sa méthode et ses idées. Or, l'atmosphère et les circonstances du moment ne se prêtent nullement à un débat constitutionnel rapide et encore moins serein. Il y a à la Convention un climat parfois extrême de tension et d'affrontement entre Montagnards et Girondins, qui transforme le Manège en arène de gladiateurs. Mais surtout la rédaction d'une Constitution passe vite au second plan, car les députés se donnent pour priorité le procès de Louis XVI, acte jugé nécessaire, voire davantage fondateur qu'une Constitution écrite. Son exécution, le 21 janvier 1793, dresse contre la République l'Europe entière et les ennemis de l'intérieur, créant une situation de danger et de crise qui allait exacerber les haines et les passions, et générer terreur et tyrannie.

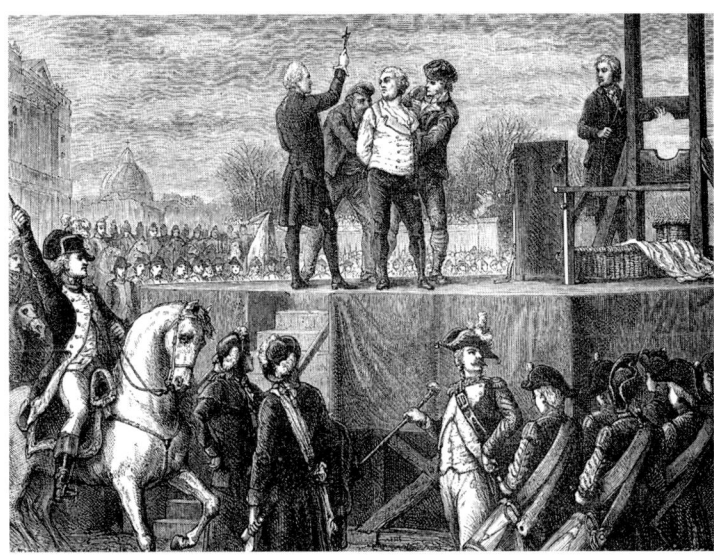

L'exécution de Louis XVI.
Le 21 janvier 1793 à 11 heures, sur la place de la Révolution (future place de la Concorde), Louis XVI est guillotiné. Son exécution frappe l'Europe de stupeur.
Histoire de France populaire, tome 4.

Henri de la Rochejaquelein au combat de Cholet en 1793.
Par Paul-Emile Boutigny. Collection musée d'Art et d'Histoire de Cholet, dépôt de la société des sciences, lettres et arts de Cholet, cliché René Goldert.

Une réunion du Comité de Salut public.
Composé de 9 membres élus tous les mois par la Convention, le Comité, délibérant en secret, est l'âme du gouvernement de la République entre avril 1793 et juillet 1794.
Histoire de France populaire, tome 4.

Il est vrai que jamais République ne fut tant haïe que la première. La menace est générale et vient de partout, coalition orchestrée par l'Angleterre à l'extérieur, contre-révolution à l'intérieur. L'ennemi porte le péril aux frontières dès février-mars 1793, et écrase à Neerwinden (18 mars) les vainqueurs de Valmy et de Jemappes. La Belgique et la rive gauche du Rhin, conquises à l'automne 1792, sont perdues. Courant mars, les Vendéens, qui refusent de se battre pour un régime régicide, se dressent contre la République, avant que n'éclatent en juin, après la chute des Girondins, des révoltes fédéralistes qui embrasent les provinces de Lyon à Bordeaux et du Midi à la Normandie. Mais la crise est aussi financière (l'assignat dégringole), économique (le pain est rare et cher), sociale (troubles et émeutes agitent les villes et les campagnes). C'est l'hallali contre la République, et celle-ci doit, à peine née, se défendre pour ne pas mourir.

Face au péril, le mouvement populaire parisien, à travers les sections des sans-culottes, impose à la Convention des mesures d'exception : création du Tribunal révolutionnaire le 10 mars, et des comités de surveillance le 21 ; du Comité de salut public le 6 avril, et des représentants en mission le 9, cours forcé de l'assignat le 11. Ce n'est qu'après la chute des Girondins, le 2 juin, que la Convention, désormais aux mains des Montagnards, se décide enfin à rédiger la Constitution.

Condorcet avait présenté au début de 1793 un avant-projet contenant les bases d'une démocratie sociale et politique. Mais son texte est froidement accueilli, et la Convention ajourne la discussion à deux mois. Le 4 avril, elle nomme une « Commission des Six ». Un mois plus tard, le débat constitutionnel reprend, interrompu par le coup de force du 31 mai et du 2 juin. Le 24 juin, enfin, après une discussion au pas de

charge par une assemblée épurée et muselée, l'Acte constitutionnel – la Constitution de l'an I – est voté. Reprenant le projet girondin de Condorcet mais marqué de l'empreinte montagnarde, il donne à la démocratie directe et à la souveraineté du peuple la place essentielle. La Déclaration des droits qui la précède confirme celle de 1789, mais substitue la souveraineté *populaire* à la souveraineté *nationale*, ajoute à l'égalité *juridique* l'égalité *naturelle*, et proclame les droits sociaux à l'instruction, au travail, à l'assistance. La Constitution de 1793 institue un régime d'assemblée et consacre l'entière subordination de l'exécutif au législatif : le Corps législatif, élu pour un an au suffrage universel direct, propose les lois et les adopte si elles ne sont pas contestées par le peuple au bout de 40 jours, et contrôle le Conseil exécutif : composé de 24 membres choisis par l'assemblée parmi 83 candidats départementaux, celui-ci dirige l'administration et nomme les hauts fonctionnaires. Soumise à la ratification populaire, la Constitution est adoptée, et proclamée le 10 août 1793.

Deuxième Constitution de notre histoire, elle ne sera jamais appliquée. La République est en guerre, or elle est faite pour temps de paix. Sa mise en œuvre est donc reportée *sine die*. Le pouvoir appartient désormais à la seule Convention mais repose entre les mains des Comités, le Comité de salut public et son bras séculier le Comité de sûreté générale. D'abord dominé par Danton, le premier l'est par Robespierre à partir du 27 juillet 1793 ; parmi ses 12 membres, outre l'Incorruptible, on trouve Saint-Just, Couthon, Carnot, Billaud-Varenne. Gouvernement collégial, c'est un gouvernement de guerre, créé pour agir et vaincre, et un gouvernement dictatorial, qui oppose aux ennemis de la République le « despotisme de la liberté ». Centralisation à l'extrême, rapidité d'exécution, justice expéditive caractérisent ce gouvernement, tendu vers l'efficacité par la Terreur. Celle-ci

Marie-Antoinette au tribunal révolutionnaire (14-15 octobre 1793).
Accusée de trahison et, de manière infâmante, d'inceste envers son fils, Marie-Antoinette est guillotinée le 16 octobre 1793 : « Le premier crime de la Révolution, écrit Chateaubriand, fut la mort du Roi, mais le plus affreux fut la mort de la Reine. »
La Révolution française, tome 2.

est imposée par les manifestations populaires des 4 et 5 septembre 1793 : loi des Suspects le 17, loi du Maximum le 29. Le 10 octobre, sur proposition de Saint-Just, la Convention proclame « le gouvernement provisoire de la France révolutionnaire jusqu'à la paix ». En même temps commencent les grands procès politiques, qui envoient à l'échafaud Marie-Antoinette et les Girondins, Mme Roland et Barnave, tandis qu'au nom de la République Fouché mitraille à Lyon, Carrier noie à Nantes, Tallien guillotine à Bordeaux et Barras à Toulon.

Les Girondins partant pour l'échafaud.
Accusés de royalisme et de collusion avec l'Angleterre, 21 Girondins, dont Brissot et Vergniaud, sont guillotinés le 31 octobre 1793.
Histoire de France populaire, tome 4.

La dernière charrette.
Parmi les dernières victimes de la Grande Terreur, le poète André Chénier est guillotiné le 25 juillet 1794, deux jours avant l'arrestation de Robespierre.
La Révolution française, tome 2.

Le 9 thermidor : la chute de Robespierre.
Séance dramatique à la Convention : dans un tumulte effroyable, qui empêche Saint-Just et Robespierre de s'exprimer, les députés votent contre eux le décret d'accusation. Ils sont exécutés le lendemain.
Histoire de France populaire, tome 4.

Ces méthodes d'exception qui caractérisent la dictature jacobine entraînent de féroces luttes de factions : Hébert et les Exagérés, partisans de la Terreur extrême, du Maximum renforcé et de la guerre à outrance, sont décapités le 24 mars 1794. Danton, Camille Desmoulins et les Indulgents, qui au contraire, la menace étrangère s'éloignant, prônent la modération, tombent à leur tour sous le « rasoir national » le 5 avril. Robespierre et ses partisans renforcent alors la Terreur par la loi du 22 prairial (10 juin 1794), qui prive les accusés de toute défense ; du 10 juin à la chute de Robespierre le 9 thermidor (27 juillet), 1376 victimes sont guillotinées à Paris : la République muée en dictature se noie dans le sang de ses citoyens. Malgré les victoires extérieures (Fleurus, le 26 juin, nous rend la Belgique), le divorce s'accentue entre le mouvement populaire et le gouvernement, tandis que l'opposition reprend des couleurs à la Convention, autour de Barras, Tallien et Fouché qui craignent pour leur tête. La crise politique éclate en juillet 1794, et le Comité de salut public se divise. Le 8 thermidor (26 juillet), Robespierre

attaque ses adversaires à la Convention mais refuse de les nommer ; le 9, à l'issue d'une séance dramatique, il est mis en accusation, et, après une tentative avortée d'insurrection en sa faveur, décrété hors la loi et guillotiné le lendemain avec ses partisans, dont Saint-Just et Couthon.

Thermidor scelle l'échec de cette République démocratique et égalitaire que Robespierre et les Montagnards avaient voulu fonder. La Convention thermidorienne, qui dure jusqu'en octobre 1795, est marquée par la réaction bourgeoise et par les derniers soubresauts du mouvement populaire. Le retour de la bourgeoisie se concrétise par une nouvelle Constitution, adoptée le 22 août 1795, qui met en place un nouveau gouvernement : le Directoire.

Cette Constitution, dite de l'an III, est l'œuvre de la bourgeoisie modérée et procède d'une double volonté : stabiliser la République afin d'éviter aussi bien une restauration monarchique que le retour à la Terreur jacobine, et écarter le peuple du pouvoir en le privant du droit de suffrage. Elle est précédée d'une Déclaration des droits, qui restreint notablement ceux-ci par rapport à 1789 et surtout 1793, mais aussi des devoirs dont le principal est le respect de la propriété privée. Première expérience de bicamérisme en France, le Corps législatif, élu au suffrage censitaire, est divisé : le Conseil des Cinq Cents propose les lois, le Conseil des Anciens (250 membres âgés d'au moins 40 ans) les discute et les vote ; leurs membres sont élus pour trois ans et renouvelables par tiers tous les ans. L'exécutif est lui aussi fractionné en un collège de cinq Directeurs élus pour cinq ans par les Anciens sur proposition des Cinq Cents, un Directeur étant renouvelé chaque année. Les Directeurs, qui ont en charge la sécurité intérieure et extérieure de la République et assurent l'exécution des lois, sont assistés de six ministres qu'ils choisissent et révoquent librement. Cette Constitution,

dans laquelle les pouvoirs sont strictement séparés, présente trois graves défauts : des élections à répétition, des assemblées ne pouvant être dissoutes, un exécutif qui n'est pas responsable devant celles-ci. Toute crise ne peut donc que bloquer le fonctionnement des institutions, ou aboutir à un coup de force.

Les costumes officiels du Directoire.
Le retour à la pompe vestimentaire. De gauche à droite : membre du Conseil des Cinq Cents, Directeur, membre du Conseil des Anciens.
Histoire de France populaire, tome 4.

Muscadins et Merveilleuses.
La fin de la Terreur sonne, pour la jeunesse dorée, le retour à la jouissance. Les femmes cèdent à la mode de l'antiquomanie : robes à la Diane ou à la Flore, tuniques largement ouvertes sur le flanc et au décolleté généreux. Les jeunes gens arborent des accoutrements excentriques et se parfument à base de musc, ce qui leur vaut le surnom de « Muscadins ». C'est le temps des « Incroyables » – ou, la mode étant à la non-prononciation du R de la Révolution et de la Terreur – des « Incoyables ».
Histoire de France populaire, tome 4.

Barras (1755-1829).
Le tombeur de Robespierre est l'homme le plus influent (le plus corrompu aussi) du Directoire.
Histoire de France populaire, tome 4.

L'abbé Siéyès (1748-1836).
Rendu célèbre dès 1789 par son « Qu'est-ce que le tiers état ? », rédacteur du serment du Jeu de Paume, il contribue à renverser le Directoire, avant de présider le Sénat sous l'Empire.
Histoire de France populaire, tome 3.

Talleyrand (1754-1838).
Charles Maurice de Talleyrand-Périgord : la carrière politique sans doute la plus étonnante de la période 1789-1830. Parmi les nombreux mots de celui qu'on surnommait « le diable boîteux » : « La politique ce n'est qu'une certaine façon d'agiter le peuple avant de s'en servir. »
Histoire de France populaire, tome 5.

Lucien Bonaparte (1775-1840).
Frère puîné de Napoléon, il préside le Conseil des Cinq Cents lors du coup d'État de Brumaire, avant de devenir ministre de l'Intérieur… et de se brouiller avec son frère.
Histoire de France populaire, tome 4.

Le coup d'État des 18-19 brumaire.
Conspué, menacé d'être mis hors la loi par les membres du Conseil des Cinq Cents malgré la présence de son frère Lucien qui préside la séance, Bonaparte est entraîné au dehors par ses grenadiers. Quelques instants plus tard, les soldats, commandés par Murat et Leclerc, dispersent les représentants. Le soir même, le Consulat est organisé.
Le Petit Journal, 1893.

Le Directoire représente dans l'histoire de la République l'une des périodes les plus agitées. La rivalité est permanente entre les Directeurs et les Conseils, dont la tendance, au gré des élections, est favorable tantôt à la gauche jacobine tantôt aux royalistes. Le 3 septembre 1797, au lendemain d'élections en faveur de la droite, Barras, avec l'aide du général Augereau, fait invalider 177 députés, dont une cinquantaine sont déportés en Guyane : c'est le coup d'État dit « de fructidor ». Au printemps suivant, le 11 mai 1798 (coup d'État « de floréal »), c'est la gauche jacobine qui subit le même sort, avec 106 députés « floréalisés ». Après une période plus stable, durant laquelle le Directoire retrouve un certain équilibre lui permettant d'entamer une réorganisation économique et financière du pays, la situation politique se détériore à nouveau, et cette fois ce sont les Conseils qui prennent leur revanche, le 18 juin 1799, forçant deux Directeurs à démissionner. Le Directoire sombre dans l'anarchie, et le régime, qui n'a plus aucune autorité et ne parvient pas à maintenir un semblant de légitimité, est à bout de souffle. Les victoires de Bonaparte en Italie, les annexions et la création des Républiques sœurs ne suffisent pas à redorer le blason d'une République au bord de l'abîme.

Siéyès, désigné comme Directeur le 9 juin, ne voit qu'une issue : la réforme de la Constitution dans un sens favorable à l'exécutif. Tâche impossible sans un sabre de vainqueur :

ce sera celui de Bonaparte, rentré d'Égypte, qui arrive à Paris le 14. La conspiration contre le Directoire est rapidement menée, avec la complicité de Talleyrand, de Fouché, du Directeur Roger Ducos et du propre frère de Bonaparte, Lucien, président des Cinq Cents. Les 18 et 19 brumaire (9-10 novembre), le coup d'État, un moment compromis, réussit : le Directoire n'existe plus. Bonaparte est nommé Premier consul ; les deux autres, Siéyès et Ducos, ne font guère illusion et ne s'en font d'ailleurs aucune : Bonaparte est bien, désormais, le seul maître d'une République agonisante.

S'il en maintient les apparences, la Constitution de l'an VIII (décembre 1799) consacre un pouvoir personnel et un régime autoritaire qui bientôt fait de cette République une dictature militaire. Bien que la nouvelle Constitution rassure, il est indéniable que Brumaire sonne le glas d'une République qui, de la dictature montagnarde à l'anarchie directoriale, ne pouvait perdurer.

Le pouvoir était à prendre, Bonaparte l'a pris à la hussarde et en a fait l'instrument de son ambition personnelle. Premier consul, il « césarise » rapidement la République, et lui confère un caractère quasi monarchique par le plébiscite de 1802, qui lui donne le consulat à vie et le droit de désigner son successeur. Deux ans plus tard, le 18 mai 1804, Bonaparte devient Napoléon.

Vote pour le Consulat à vie. Adopté par le Tribunat (moins la voix de Carnot) et le Corps législatif le 12 mai 1802, le Consulat à vie est approuvé par plus de 3 600 000 *oui* contre 8272 *non*. Un pas vers l'Empire.
Histoire de France populaire, tome 4.

Le sacre de Napoléon. Proclamé empereur le 18 mai 1804, Napoléon est sacré à Notre-Dame le 2 décembre, en présence du pape Pie VII. Le sacre est immortalisé par David, qui à la demande de l'Empereur a représenté le couronnement de l'impératrice.
Histoire de France populaire, tome 5.

LA PREMIÈRE RÉPUBLIQUE (1792-1804) 19

CONSTITUTION

LIBERTÉ, ÉGALITÉ, FRATERNITÉ.

La Deuxième République (1848-1852)

La République assassinée

Page de gauche :
Une Constitution pour une République démocratique et fraternelle… l'illusion sera de courte durée.
Photo Bnf, Paris.

   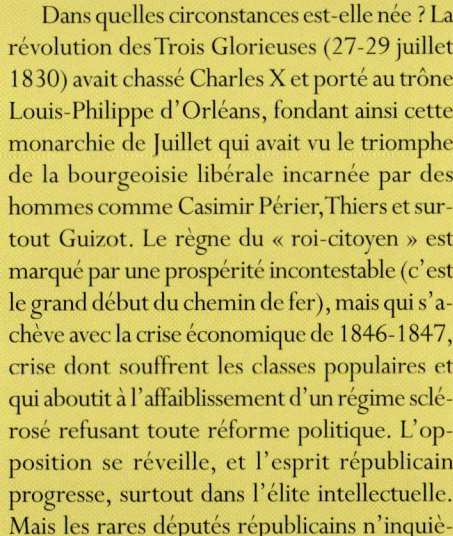

De gauche à droite :
Charles X (1757-1836).
Frère de Louis XVI et de Louis XVIII, son règne (1824-1830) est emporté par les Trois Glorieuses.
Histoire de France populaire, tome 5.

Louis-Philippe Ier (1773-1850).
Un règne qui déçoit avant de s'achever sur les barricades des faubourgs parisiens.
Histoire de France populaire, tome 5.

Adolphe Thiers (1797-1877).
Journaliste d'opposition, il pousse en juillet 1830 Louis-Philippe d'Orléans à prendre le pouvoir. Le début d'une carrière politique exceptionnelle.
Histoire de France populaire, tome 6.

François Guizot (1787-1874).
Incarnation de la bourgeoisie fidèle à Louis-Philippe, son refus de toute réforme politique provoque la révolution de 1848.
Histoire de France populaire, tome 6.

La Deuxième République représente dans notre histoire un régime qui, à plusieurs égards, ne manque pas d'originalité. D'abord par sa brièveté : entre sa proclamation le 24 février 1848 et la naissance officielle du second Empire le 2 décembre 1852, à peine cinq ans, et moins de quatre si, plus logiquement, on l'achève au coup d'État du 2 décembre 1851. Sa naissance marque en même temps le terme ultime de la monarchie en France (en sursis depuis 1815), avec l'abdication du dernier de nos rois, Louis-Philippe Ier. Enfin, elle est le seul régime à avoir été renversé par un coup de force d'un chef d'État démocratiquement élu, Louis-Napoléon Bonaparte. Cependant, malgré sa courte durée, la Deuxième République aura rendu aux citoyens français le suffrage universel direct (même s'il n'est encore que masculin), fondement même de notre démocratie.

Dans quelles circonstances est-elle née ? La révolution des Trois Glorieuses (27-29 juillet 1830) avait chassé Charles X et porté au trône Louis-Philippe d'Orléans, fondant ainsi cette monarchie de Juillet qui avait vu le triomphe de la bourgeoisie libérale incarnée par des hommes comme Casimir Périer, Thiers et surtout Guizot. Le règne du « roi-citoyen » est marqué par une prospérité incontestable (c'est le grand début du chemin de fer), mais qui s'achève avec la crise économique de 1846-1847, crise dont souffrent les classes populaires et qui aboutit à l'affaiblissement d'un régime sclérosé refusant toute réforme politique. L'opposition se réveille, et l'esprit républicain progresse, surtout dans l'élite intellectuelle. Mais les rares députés républicains n'inquiètent pas encore le régime.

Boulevard des Capucines, nuit du 23 au 24 février 1848. Les victimes de la fusillade promenés dans les rues de Paris : la révolution commence par une marche funèbre.
Histoire de France populaire, tome 6.

Devant les barricades de la porte Saint-Denis. Odilon Barrot, nommé à la tête du gouvernement, tente vainement de calmer l'effervescence générale et de sauver la monarchie.
Histoire de France populaire, tome 6.

Les réunions politiques étant interdites, l'opposition organise à partir de l'été 1847 des « banquets », au cours desquels les toasts sont l'occasion de discours hostiles au régime ; le premier banquet a lieu à Paris le 9 juillet, et rapidement la mode essaime en province. Le 22 février 1848, à la suite de l'interdiction d'un banquet dans le XIIe arrondissement de Paris, des manifestations éclatent et des barricades sont dressées. Le lendemain, des heurts se produisent entre soldats et manifestants, notamment au Quartier latin et autour de l'Hôtel de Ville, mais on assiste surtout à la défection de la Garde nationale, prête à se joindre aux émeutiers. Le roi cède en renvoyant Guizot, mais il est déjà trop tard : dans la soirée, une fusillade éclate sur le boulevard des Capucines, devant le ministère des Affaires étrangères, faisant seize morts dont les corps entassés sur une charrette sont promenés dans Paris par une poignée de meneurs républicains appelant aux armes. À l'aube du 24 février, la ville est hérissée de barricades. Malgré la nomination de Thiers à la tête du gouvernement et de Bugeaud à celle des troupes, la cause est entendue. Rejoints par la Garde nationale et une partie des troupes, les insurgés se dirigent vers les Tuileries et l'Hôtel de Ville. Louis-Philippe se résigne finalement à abdiquer en faveur de son petit-fils le comte de Paris, sous la régence de la duchesse d'Orléans, et s'enfuit vers l'Angleterre.

Louis-Philippe quitte les Tuileries.
Ayant abdiqué, le roi quitte Paris sous un déguisement et le nom d'emprunt de M' Smith, et se réfugie en Angleterre où il mourra en 1850.
Histoire de France populaire, tome 6.

La duchesse d'Orléans tente de faire reconnaître son fils Philippe comme roi des Français, et elle-même comme régente, par la Chambre des députés.
Histoire de France populaire, tome 6.

Alexandre Ledru-Rollin (1807-1874).
L'une des grandes figures de la révolution de 1848 et du gouvernement provisoire.
Histoire de France populaire, tome 6.

Louis Blanc (1811-1882).
Socialiste révolutionnaire, il crée les Ateliers nationaux.
Histoire de France populaire, tome 6.

Alphonse de Lamartine (1790-1869).
Un poète en politique.
Histoire de la Nation française, tome 9.

Lamartine contre le drapeau rouge.
Le 25 février 1848, devant une foule en armes venue réclamer l'adoption du drapeau rouge de la révolution sociale, Lamartine parvient, au terme d'une longue lutte d'éloquence, à imposer le drapeau tricolore, emblème désormais irremplaçable de la nation et de la République.
Histoire de France populaire, tome 6.

Au début de l'après-midi, pendant que le peuple saccage les Tuileries et brûle le trône sur la place de la Bastille, les députés partisans de la monarchie font venir le jeune roi et sa mère pour la proclamer régente, lorsque le Palais-Bourbon est envahi par les insurgés réclamant la République ; au milieu du tumulte, le poète Lamartine et l'avocat Ledru-Rollin, républicains modérés, proposent la formation d'un gouvernement provisoire, composé par acclamation, outre d'eux-mêmes, d'Arago, Crémieux, Dupont de l'Eure, Marie et Garnier-Pagès. Le soir même à l'Hôtel de Ville, après de difficiles palabres avec les représentants de la gauche, leur sont adjoints le journaliste socialiste Louis Blanc et un ouvrier mécanicien surnommé Albert, ainsi que les directeurs des deux grands journaux républicains, Marrast et Flocon. Dans l'effervescence révolutionnaire, et dans un climat enthousiaste et euphorique, le nouveau pouvoir proclame que « le gouvernement actuel de la France est le gouvernement républicain » : la Deuxième République est née.

L'abolition de l'esclavage, tableau de François Auguste Biard, salon de 1849.
Sous-secrétaire à la Marine et aux Colonies dans le gouvernement provisoire, Victor Schoelcher (1804-1893) fait adopter le décret sur l'abolition de l'esclavage dans les colonies françaises le 27 avril 1848. Aboli une première fois en 1794 à l'initiative de l'abbé Grégoire, l'esclavage avait été rétabli par Bonaparte en 1802. Photo RMN, © Gérard Blot.

En quelques semaines, le gouvernement provisoire prend une série de mesures conformes à l'idéal de Liberté, d'Égalité et de Fraternité – le mot est nouveau –, termes adoptés comme la devise républicaine et dont on décide d'orner le drapeau tricolore, que Lamartine réussit par une harangue enflammée à sauver du drapeau rouge des socialistes : rétablissement des libertés fondamentales, libération des détenus politiques, proclamation du droit au travail et création des Ateliers nationaux (25-26 février), abolition de la peine de mort pour motifs politiques (le 26), abolition de l'esclavage dans les colonies françaises à l'initiative de Victor Schœlcher (27 avril), et surtout, le 2 mars, adoption du suffrage universel masculin à partir de 21 ans : cette dernière mesure fait passer d'un coup le corps électoral de 250 000 à plus de 9 millions d'électeurs, convoqués les 23 et 24 avril pour élire une assemblée constituante.

Ces élections voient s'effondrer les espoirs de l'extrême gauche (radicaux et socialistes), qui n'obtient qu'une soixantaine de sièges, contre 500 aux républicains modérés et 300 aux monarchistes. Réunie le 4 mai, l'assemblée proclame à nouveau solennellement la République et, le gouvernement provisoire ayant démissionné, nomme une Commission exécutive de cinq membres (les « Pentarques »), investie du pouvoir exécutif jusqu'à l'adoption de la Constitution : on y retrouve Arago, Marie, Garnier-Pagès, Ledru-Rollin et Lamartine.

Le suffrage universel.
« Au lever du soleil, les populations recueillies et émues de patriotisme se formèrent en colonnes à la sortie des temples, sous la conduite des maires, des curés, des instituteurs, des juges de paix, des citoyens influents, s'acheminèrent par villages aux chefs-lieux d'arrondissement, et déposèrent dans les urnes, sans autre impulsion que celle de leur conscience, sans violences [...], les noms des hommes dont la probité, la vertu, le talent et surtout la modération leur inspiraient le plus de confiance pour l'avenir de la République. » (Lamartine)
Gravure, milieu du XIXe siècle.

La mort de Mgr Affre, archevêque de Paris.
Le 26 juin 1848, Mgr Affre se rend sur les barricades du faubourg Saint-Antoine. Atteint d'une balle dans les reins, il meurt le lendemain.
Histoire de France populaire, tome 6.

Fête de la proclamation de la Constitution.
Adoptée par l'Assemblée le 4 novembre 1848, la Constitution est proclamée devant le peuple quelques jours plus tard.
Histoire de France populaire, tome 6.

Le général Cavaignac (1802-1857).
L'homme de la répression de juin 1848.
Histoire de France populaire, tome 6.

Passés les premiers mois d'euphorie, la situation politique se dégrade. La crise éclate avec la fermeture des Ateliers nationaux, qui fonctionnent de plus en plus mal et dont les ouvriers, trop nombreux, mal payés et désœuvrés, forment aux yeux du pouvoir un dangereux foyer révolutionnaire. Le 21 juin, les Ateliers sont dissous, mesure qui provoque la colère, puis le soulèvement massif des ouvriers parisiens. À nouveau, Paris se couvre de barricades. L'Assemblée vote l'état de siège, et le remplacement de la Commission exécutive par le général Cavaignac, ministre de la Guerre, investi de pouvoirs dictatoriaux pour réprimer l'insurrection. Les combats durent plusieurs jours, et atteignent leur paroxysme dans les carrières de Montmartre et au faubourg Saint-Antoine, où Mgr Affre, archevêque de Paris, voulant s'interposer, est tué. La répression, du 23 au 25 juin, est féroce : 1500 insurgés sont fusillés, 11 000 sont arrêtés, dont 5000 seront déportés en Algérie. Le 28, ayant ramené l'ordre, Cavaignac est nommé chef du pouvoir exécutif. Les journées de juin marquent le divorce entre républicains et socialistes, et surtout l'échec d'une « République sociale » au profit d'une « République politique ». Reste à donner à celle-ci une Constitution.

Adoptée le 4 novembre à une très forte majorité, inspirée à la fois de la Constitution américaine et de celle de 1791, elle prévoit l'élection d'un président de la République au suffrage universel direct, pour un mandat de quatre ans non immédiatement rééligible, qui partage l'initiative des lois avec l'assemblée et les promulgue, qui exerce le pouvoir exécutif, nomme et révoque les ministres et les hauts fonctionnaires, dispose de la force armée, négocie et signe les traités. Le pouvoir législatif appartient à une assemblée de 750 membres élus pour trois ans, qui ne peut être dissoute que par elle-même et siège en permanence. Dans cette Constitution, qui revient au monocamérisme, la séparation des pouvoirs est totale : aucun organisme d'arbitrage n'est prévu en cas de conflit entre le président et l'assemblée, et une crise peut aboutir à un blocage des institutions.

La mise en œuvre de celles-ci impose d'abord l'élection du président de la République, qui a lieu le 10 décembre 1848. Une première en France, puisque ce sera la seule fois avant 1965 (la réélection de Charles de Gaulle) qu'un chef de l'État sera élu au suffrage universel direct. Cinq candidats sont en lice : Cavaignac, candidat de la bourgeoisie républicaine, Lamartine, Ledru-Rollin, le socialiste Raspail (alors en prison), et Louis-Napoléon Bonaparte. Le neveu de l'Empereur, qui avait fait parler de lui par ses tentatives de soulèvement manquées à Strasbourg (1836) et à Boulogne (1840), et qui a été élu à la Constituante, bénéficie du prestige de son nom et d'une légende napoléonienne toujours présente ; il devient vite le candidat, plus par défaut que par adhésion réelle, de tous les conservateurs contre les divers candidats républicains, et de l'ordre contre la révolution : à la surprise générale, et alors qu'on attendait Cavaignac, Louis-Napoléon Bonaparte est élu avec plus de 5 millions de voix, soit 75 % des suffrages, contre 19 % à Cavaignac et 5 % à Ledru-Rollin, Lamartine étant balayé avec 17 000 voix !

Dix jours plus tard, le nouveau président prête serment à la Constitution devant l'assemblée, et nomme un gouvernement très conservateur dirigé par Odilon Barrot, qui s'empresse d'affaiblir la République dans l'espoir d'une restauration monarchique. Le résultat de l'élection législative du 13 mai 1849 l'y encourage, puisque les républicains subissent à nouveau une véritable déroute, avec seulement 11 % des voix et 75 élus ; écartés du jeu politique, ils laissent face à face à l'assemblée 450 conservateurs et 200 députés « rouges » (radicaux et socialistes). Oubliée, la ferveur républicaine de 1848 : la République, désormais entre les mains du « parti des honnêtes gens » (Thiers), a le visage de l'ordre et du conservatisme.

Reste à la droite, qui entend contrôler la politique nationale, à décapiter cette gauche toujours prête à se soulever et à dresser des barricades. L'occasion lui en est fournie par la manifestation du 13 juin, organisée par Ledru-Rollin, leader de l'opposition, contre l'intervention française en Italie en faveur du pape Pie IX, chassé de Rome. Mais le peuple de Paris ne suit pas, et les troupes du général Changarnier ont vite fait de rétablir l'ordre. Ledru-Rollin s'enfuit en Angleterre, et, à Paris comme en province, on procède à des centaines d'arrestations.

Louis-Napoléon Bonaparte (1808-1873). Elu triomphalement en décembre 1848, le neveu de l'Empereur est le premier président de la République.
Histoire de France populaire, tome 6.

Le 13 juin 1849, les troupes du général Changarnier répriment la manifestation organisée par Ledru-Rollin contre l'intervention en faveur du pape Pie IX.
Histoire de France populaire, tome 6.

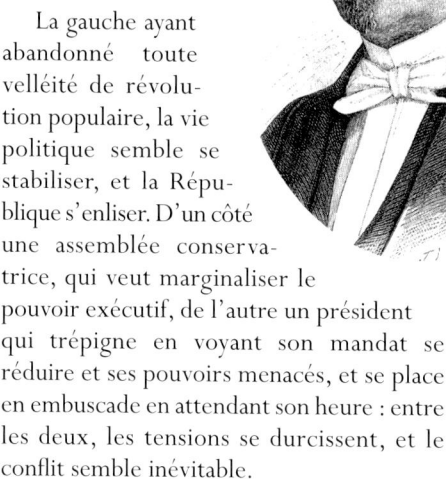

Le duc Charles de Morny (1811-1865).
Petit-fils de Talleyrand par son père, et demi-frère de Louis-Napoléon par sa mère la reine Hortense, Morny est le principal artisan du coup d'État du 2 décembre.
Histoire de France populaire, tome 6.

L'arrestation des députés à la mairie du Xe arrondissement.
Morny fait arrêter par le général Florey les 220 députés qui, réunis rue de Grenelle, viennent de mettre Louis-Napoléon hors la loi. D'abord conduits à la caserne d'Orsay, puis à Vincennes, la plupart sont libérés quelques heures plus tard.
Histoire de France populaire, tome 6.

La gauche ayant abandonné toute velléité de révolution populaire, la vie politique semble se stabiliser, et la République s'enliser. D'un côté une assemblée conservatrice, qui veut marginaliser le pouvoir exécutif, de l'autre un président qui trépigne en voyant son mandat se réduire et ses pouvoirs menacés, et se place en embuscade en attendant son heure : entre les deux, les tensions se durcissent, et le conflit semble inévitable.

C'est l'assemblée, dominée par le parti de l'Ordre et ses leaders comme Thiers (ceux que Victor Hugo appellera plus tard les « Burgraves ») qui prend l'initiative de voter des lois conservatrices et réactionnaires : loi restreignant la liberté de la presse (juillet 1849), loi de Parieu (11 janvier 1850) autorisant les préfets à renvoyer les instituteurs républicains, loi Falloux (15 mars 1850) laissant aux congrégations religieuses une totale liberté pour ouvrir des écoles (c'est la fin du monopole napoléonien de l'Université), et surtout loi du 31 mai 1850 réduisant le droit de vote par des mesures qui écartent 3 millions de citoyens pauvres et non sédentaires (comme les ouvriers agricoles, nombreux dans les campagnes) et amputent d'un tiers le corps électoral : une loi jugée antidémocratique et hostile au monde rural.

Pendant ce temps, Louis-Napoléon Bonaparte soigne sa popularité, visite les casernes, multiplie les revues et les voyages en province, et se laisse acclamer. Il s'entoure de fidèles comme le général de Saint-Arnaud, son demi-frère Morny, son ami Persigny, et le général Magnan, qui remplace à la tête de l'armée de Paris le monarchiste Changarnier, révoqué le 3 janvier 1851. Avec un groupe de 150 députés, « le parti de l'Élysée », et un gouvernement à ses ordres, le président renforce son autorité, d'autant que l'assemblée est de plus en plus divisée. Mais l'approche de la double échéance présidentielle et législative du printemps 1852 lui ordonne d'accélérer sa manœuvre contre l'assemblée. Celle-ci ayant rejeté le projet de révision constitutionnelle permettant au président de se représenter (juillet 1851) et le rétablissement du suffrage universel (octobre), le coup d'État devient le seul moyen pour Louis-Napoléon Bonaparte de se maintenir au pouvoir.

Le coup de force est déjà en préparation depuis le mois d'août. Persigny, Morny et Saint-Arnaud en sont les principaux organisateurs. Le président fixe au 2 décembre, date anniversaire du couronnement de Napoléon Ier (1804) et de la victoire d'Austerlitz (1805), l'opération *Rubicon*. Dans la nuit du 1er au 2 décembre, l'assemblée est occupée, et 78 personnes sont arrêtées, dont Thiers, Cavaignac et Changarnier, tandis que 25 000 hommes occupent les points stratégiques de Paris. Des affiches annoncent la dissolution de l'assemblée, le rétablissement du suffrage universel et la préparation d'une nouvelle Constitution. Le coup d'État a réussi, mais rapidement la

La mort du député Baudin (3 décembre 1851).
De la barricade où il se trouve, au faubourg Saint-Antoine, Baudin s'adresse aux soldats, leur parlant de la Constitution violée. Un coup de feu part de la barricade et tue un soldat. Aussitôt, le commandant ordonne une décharge générale, et Baudin tombe frappé au front. Il aurait dit, à l'adresse des insurgés : « Vous allez voir comment on meurt pour vingt-cinq francs par jour ! »
Histoire de France populaire, tome 6.

résistance s'organise : 220 députés votent la déchéance de Louis-Napoléon Bonaparte – ils sont aussitôt arrêtés. Les républicains, Victor Hugo et Victor Schoelcher en tête, tentent d'organiser la résistance populaire, mais, malgré le sacrifice du député Baudin, tué sur une barricade, elle échoue. Au soir du 4 décembre, dans Paris terrorisé, le bilan est de 215 morts. Le mouvement prend plus d'ampleur dans le centre et le sud du pays, mais il se heurte aux troupes bonapartistes. La répression est dure : 32 départements en état de siège, 26 000 personnes arrêtées (dont 4000 à Paris), plus de 9000 meneurs envoyés en Algérie et 250 au bagne de Cayenne.

Par le plébiscite des 20-21 décembre, Louis-Napoléon Bonaparte se fait accorder la prorogation de son mandat pour dix ans, le droit de gouverner par décrets-lois pendant trois mois, et de préparer une nouvelle Constitution. Celle-ci, qui attribue tous les pouvoirs au prince-président, est promulguée le 14 janvier 1852. Le 7 novembre, un sénatus-consulte rétablit la dignité impériale : le 2 décembre, Louis-Napoléon Bonaparte devient Napoléon III.

Un an plus tôt, le coup d'État avait étranglé une République moribonde. De la République triomphante proclamée dans l'euphorie du 24 février 1848 à la dépouille pantelante qui en subsiste au soir du 2 décembre 1851, trois années d'illusions. Février 48 avait d'abord suscité l'espoir d'une République sociale et fraternelle et d'une vraie démocratie politique, mais en même temps les craintes des tenants de l'ordre de la voir retrouver son visage jacobin de 1793. Elle n'aura été finalement qu'un mirage. La République n'a pu résister, comme en 1799, aux ambitions personnelles d'un aventurier ambitieux qui, porteur d'un nom de légende, a su mystifier la France pour lui imposer, à l'instar de son oncle, une nouvelle dictature impériale.

Les déportés en Algérie.
La répression qui suit le coup d'État est sévère. Plus de 9000 opposants sont déportés en Algérie, où vivent déjà 66 000 Français : 4549 en résidence forcée, 5032 en résidence libre. Parmi les déportées, la féministe et socialiste Pauline Roland.
Histoire de France populaire, tome 6.

La Troisième République (1870-1940)

La République « républicaine »

Née le 4 septembre 1870 de la défaite de Napoléon III à Sedan face à la Prusse, la « Troisième » mourra sept décennies plus tard d'une débâcle foudroyante déclenchée en mai 1940 au même endroit par l'ennemi allemand, contre lequel elle avait pourtant remporté la lutte de titans de 14-18. Une longue et riche histoire, qu'il nous a semblé judicieux de revivre à travers les quatorze présidents qui, d'Adolphe Thiers à Albert Lebrun, se sont succédé à la tête de la France.

Alors que les Constitutions de 1848, et plus tard de 1946 et de 1958, définissent avec précision la fonction présidentielle, il n'en est pas de même dans la IIIe République, qui doit attendre les lois constitutionnelles de 1875 pour trouver son assise juridique. Concernant la fonction présidentielle, trois étapes sont nécessaires à sa mise en place et à sa définition : la loi Rivet (31 août 1871) confère à Thiers, jusqu'alors « chef du pouvoir exécutif de la République française », le titre de « président de la République » ; le 20 novembre 1873, quelques mois après sa démission et l'élection du maréchal de Mac-Mahon à la tête de l'État, est votée la loi du septennat, fruit d'un compromis entre monarchistes et républicains, qui lui confie

Page de gauche :
Le triomphe de la République.
Soutenue par le suffrage universel et les Droits de l'homme, la République, qui a déjà les traits de Marianne, triomphe de ses adversaires : la monarchie du comte de Chambord, l'empire des Bonaparte et l'Allemagne de Bismarck.
Estampe 1875, BNF Paris.

La bataille de Sedan (1er-2 septembre 1870).
Alors que sa défaite est consommée, Napoléon III traverse le champ de bataille, avant de faire hisser le drapeau blanc au-dessus de la forteresse de Sedan.
Le Monde illustré, 1870.

La proclamation de la République.
Le 4 septembre 1870, au balcon de l'Hôtel de Ville de Paris, Jules Favre et Léon Gambetta proclament la République dans la liesse générale.
Histoire de France populaire, tome 7.

Le 24 février 1875, l'Assemblée nationale vote la loi constitutionnelle organisant le Sénat.
L'Univers Illustré, 1875.

le pouvoir présidentiel pour sept ans. Le 30 janvier 1875, l'amendement présenté par Henri Wallon, voté à une voix de majorité (353 pour, 352 contre !) dispose que le président de la République est élu pour sept ans à la majorité absolue des suffrages par le Sénat et la Chambre des députés réunis en Congrès. Trois autres lois constitutionnelles sont votées dans les mois suivants : le 24 février sur l'organisation du Sénat, le lendemain 25 sur l'organisation des pouvoirs publics, et le 16 juillet sur les rapports entre les pouvoirs publics. Ces lois créent un régime parlementaire bicaméraliste, avec un exécutif à deux têtes : d'une part le président de la République qui, avec ses nombreuses prérogatives, est l'un des rouages essentiels du régime mais dont le pouvoir est limité par l'obligation du contreseing (tout acte présidentiel doit être contresigné par un ministre), et d'autre part le gouvernement, nommé par le chef de l'État, avec à sa tête un ministre qui plus tard prendra le titre de président du Conseil. Le pouvoir législatif est confié à deux assemblées : le Sénat, dont les membres – sauf 75 inamovibles désignés par leurs pairs – sont élus pour neuf ans avec renouvellement par tiers tous les trois ans au suffrage universel indirect dans le cadre départemental, et la Chambre des députés, désignée pour quatre ans au suffrage universel direct. Les deux assemblées votent la loi en termes identiques, et peuvent renverser le gouvernement ; le président de la République peut dissoudre la Chambre sur avis conforme du Sénat – quant à lui indissoluble : ce qui n'a lieu qu'une seule fois, en 1877, le président Grévy renonçant à ce droit dès son élection en 1879.

Rappelées les règles constitutionnelles propres à la IIIe République, envisageons l'histoire de ses quatorze présidents. Personnalités très diverses, par leur origine sociale, leur tempérament, leur parcours politique, leur conception et leur pratique de la magistrature suprême, qui font que l'histoire a davantage retenu Poincaré que Lebrun, et Fallières que Casimir-Périer. La durée de leur mandat est très variable, au gré des circonstances : si elle est en moyenne d'un peu moins de cinq ans, l'écart est de taille entre les quelques mois de Casimir-Périer (1894), de Deschanel (1920) ou de Doumer (1931-1932) et les présidences supérieures à huit ans de Grévy (janvier 1879-décembre 1887) ou de Lebrun (mai 1932-juillet 1940), ces deux derniers ayant seuls été réélus au terme de leur septennat. Des fins de mandat parfois tragiques, avec l'assassinat de Sadi Carnot en juin 1894 et de Paul Doumer en mai 1932… ou tragi-comique s'agissant du décès subit de Félix Faure à l'Élysée, en galante compagnie. Mis à part ces morts brutales, la République compte sept démissions présidentielles, pour des raisons diverses, et quatre fins de mandat au terme d'un septennat sans nouvelle candidature.

Adolphe THIERS
31 août 1871 – 24 mai 1873

Adolphe Thiers.
Le 17 février 1871, Thiers est nommé par l'Assemblée nationale chef du pouvoir exécutif de la République française, avant d'en être élu le premier président le 31 août.
Histoire de la Nation française, tome 5.

Le gouvernement de la Défense nationale.
Un seul objectif : la poursuite de la guerre !
Le Monde illustré, 1870.

Adolphe Thiers peut-il être considéré comme le premier président de la IIIe République ? Certes, il en porte le titre, du 31 août 1871 à sa démission le 24 mai 1873, mais il s'agit plus d'un titre honorifique que d'une fonction réelle. En attendant la mise en place d'un nouveau régime (la monarchie a de nombreux partisans, et surtout un prétendant, le comte de Chambord), il correspond davantage à celle de chef de l'État, que Thiers cumule pendant deux ans avec celle de chef du pouvoir exécutif.

Thiers est investi de cette fonction le 17 février 1871 à la quasi-unanimité de l'Assemblée nationale réunie à Bordeaux. Son passé politique en fait alors un homme incontournable, accepté aussi bien par les

Le départ des dernières troupes allemandes.
L'indemnité de 5 milliards rapidement couverte par l'emprunt, l'armée allemande quitte le territoire français. Dernière ville évacuée : Verdun (13 septembre 1873).
Histoire de France populaire, tome 7.

Des milliers de Communards sont condamnés à la déportation.
Dans le port de Brest, l'avant d'un ponton chargé de prisonniers.
Le Monde illustré, 1871.

monarchistes, largement majoritaires, que par les républicains modérés. Né à Marseille le 17 avril 1797, issu de la petite bourgeoisie et partisan d'une monarchie parlementaire à l'anglaise, il commence sa carrière comme journaliste d'opposition à Charles X, avant de favoriser la montée de Louis-Philippe sur le trône. Député d'Aix, ministre à plusieurs reprises, il devient chef du gouvernement en 1840 avant de s'opposer à Guizot, et se rallie à la République en février 1848. Après avoir appuyé la candidature de Louis-Napoléon, il s'oppose au coup d'État, se réfugie quelques mois en Suisse et revient en France en 1852, se tenant à l'écart de la vie politique. Élu député de Paris en 1863, il devient le chef de l'opposition libérale.

L'arrivée de la *Danaé* en Nouvelle-Calédonie : les prisonniers au moment de leur débarquement.
À partir de 1872 et jusqu'aux amnisties de 1880, les insurgés de la Commune de Paris furent déportés en Nouvelle-Calédonie, sur l'île de Nou pour les forçats, sur la presqu'île de Ducos pour les *déportés en enceinte fortifiée*, ou encore à l'île des Pins pour les *déportés simples* dont certains seront autorisés à séjourner à Nouméa. *Le Monde illustré*, 1873.

Les ors de la République naissante.
Réception donnée par le président Thiers au palais de l'Elysée.
Le Monde illustré, 1872.

La proclamation de la République le 4 septembre 1870 est suivie de la formation d'un gouvernement provisoire, dit « de la Défense nationale », présidé par le général Trochu et animé par Léon Gambetta, Jules Favre et Jules Simon. Thiers n'en fait pas partie, mais il est mandaté pour rechercher en Europe des aides diplomatiques, entreprise vaine qui en fait cependant un homme indispensable. Nommé chef du gouvernement par l'Assemblée nationale, il conclut avec elle le « pacte de Bordeaux », par lequel il renvoie à plus tard le débat sur la Constitution, sans se prononcer en faveur de la monarchie ou de la République. Il se voit assigner comme mission prioritaire la paix avec l'Allemagne (signée le 10 mai 1871 à Francfort) et la libération du pays par le paiement rapide de l'indemnité de guerre de 5 milliards de francs (réglée par anticipation, elle permet le départ définitif de l'occupant en septembre 1873, ce qui vaudra à Thiers le surnom de « libérateur du territoire »), mais aussi le retour à l'ordre intérieur. Or, celui-ci est gravement compromis, à partir du 18 mars, par le soulèvement du peuple de Paris qui proclame la Commune. Depuis Versailles, où est installé le gouvernement, Thiers assiège la capitale et écrase l'insurrection dans le sang : c'est la « semaine sanglante » (21-28 mai), suivie d'une féroce répression (20 000 exécutions, 36 000 arrestations, 7500 déportations, vers la Nouvelle-Calédonie notamment : parmi les déportés, une figure de légende, celle de Louise Michel, la « vierge rouge »).

Nommé président de la République, Thiers opte de plus en plus pour le régime républicain, et le 24 mai 1873 intervient à l'Assemblée en faveur de la République, « le régime qui nous divise le moins » : mis en minorité par 360 voix contre 344, il démissionne, pour être aussitôt remplacé par le maréchal de Mac-Mahon, monarchiste convaincu. Il meurt le 3 juillet 1877.

Louise Michel (1830-1905).
« Je suis devenue anarchiste quand nous avons été envoyés en Nouvelle-Calédonie », dira celle qui fut surnommée « la vierge rouge ». Déportée en Nouvelle-Calédonie, où elle prend la défense des Kanaks révoltés avant d'être autorisée à enseigner en 1879, elle revient en France à la fin de l'année suivante.

Le maréchal de Mac-Mahon, duc de Magenta (1808-1893).
Le Monde illustré, 1875.

Mac-Mahon succède à Thiers.
Le bureau de l'Assemblée nationale présente au maréchal de Mac-Mahon le résultat du vote qui le nomme président de la République (24 mai 1873).
Le Monde illustré, 1875.

Patrice de MAC-MAHON
24 mai 1873 – 30 janvier 1879

Né le 13 juillet 1808 au château de Sully, près d'Autun, descendant d'une famille irlandaise, Patrice de Mac-Mahon a eu une longue et brillante carrière militaire, s'illustrant notamment durant la guerre de Crimée à Sébastopol (1855), la campagne d'Italie en 1859 (victoire de Magenta) et en Algérie (dont il est nommé gouverneur), avant de participer à la guerre de 1870, où il est vaincu et fait prisonnier à Sedan. Nommé à la tête de l'armée versaillaise, il réprime la Commune.

Porté par sa popularité, ce légitimiste qui n'a rien d'un homme politique est élu président de la République après la chute de Thiers, et aussitôt nomme le duc de Broglie à la tête du gouvernement. Les deux hommes ont un double objectif : restaurer l'« ordre moral », fondé sur une vision de la société donnant aux notables et à l'Église catholique une place centrale dans la vie du pays, et restaurer la monarchie. Cet « ordre moral » se traduit par la reconquête religieuse de la société, que symbolise la construction de l'église du Sacré-Cœur sur la butte Montmartre à Paris.

En 1873, l'hypothèse d'un retour à la monarchie est plus forte que jamais. Au mois d'août, le comte de Chambord, prétendant légitimiste au trône, reçoit le comte de Paris,

Le duc Albert de Broglie.
Petit-fils de Mme de Staël, partisan d'une restauration orléaniste, son hostilité à la République lui fait interdire la statue de Marianne, révoquer de nombreux préfets et maires et censurer la presse républicaine.
Histoire de France populaire, tome 7.

Pose de la première pierre de la basilique du Sacré-Cœur à Montmartre (16 juin 1875).
Située au sommet de la butte Montmartre, la basilique est construite pour « expier les crimes des communards », et pour rendre hommage à la mémoire des victimes de la guerre de 1870. Elle n'est achevée qu'en 1914 et sera consacrée en 1919.
L'Univers illustré, 1875.

L'Assemblée nationale vote la loi du septennat (19 novembre 1873) Devant la porte d'entrée de la salle des séances, l'attente du résultat.
Le Monde illustré, 1875.

Le comte de Chambord (1820-1883).
Petit-fils de Charles X, le duc de Bordeaux puis comte de Chambord est sur le point, en 1873, de régner sous le nom d'Henri V. Mais son refus obstiné du drapeau tricolore au profit du drapeau blanc finit par lasser les partisans de la restauration monarchique, qui préfèrent proroger momentanément la République.
Le Monde illustré, 1873.

prétendant orléaniste, qui accepte de lui laisser le trône. Mais l'intransigeance du petit-fils de Charles X et son refus d'adopter le drapeau tricolore compromettent l'espoir d'une restauration. Afin d'en préserver les chances, l'Assemblée vote la loi du septennat, qui confère le pouvoir exécutif pour sept ans à Mac-Mahon (20 novembre 1873).

La réapparition du danger bonapartiste lors des élections partielles pousse de nombreux députés orléanistes du centre droit à se rapprocher des républicains du centre gauche ; la « conjonction des centres » aboutit au vote, à une voix de majorité, de l'amendement Wallon, qui marque la reconnaissance institutionnelle du président de la République (30 janvier 1875), puis des lois organisant les pouvoirs publics : la République est née. Reste aux républicains à la conquérir.

L'action de propagande menée par Gambetta est à cet égard déterminante. Aux élections de 1876, les républicains remportent une nette victoire, et après avoir tergiversé, Mac-Mahon nomme l'un d'entre eux, Jules Simon, à la tête du gouvernement (décembre 1876), avant de le blâmer officiellement, suscitant sa démission (16 mai 1877). La majorité républicaine proteste par le Manifeste des 363, provoquant la dissolution de la Chambre. Gambetta demande au président de « se soumettre ou se démettre » (15 août 1877). Les républicains remportent les élections législatives, puis se lancent à la conquête des mairies et du Sénat. Mac-Mahon, sommé de révoquer une dizaine de généraux monarchistes, refuse et démissionne le 30 janvier 1879. Le jour même, le Congrès réuni à Versailles élit Jules Grévy, un vieux républicain. Mac-Mahon mourra le 8 octobre 1893.

Henri Wallon (1812-1904).
Député monarchiste du Nord, il fait voter le célèbre amendement officialisant la fonction présidentielle : « Ma proposition, déclare-t-il, ne proclame pas la République, elle la fait. »
Histoire de France populaire.

Léon Gambetta.
Tombeur de Mac-Mahon, il est président de la Chambre des députés de 1879 à 1881 puis président du Conseil et ministre des Affaires étrangères du 14 novembre 1881 au 27 janvier 1882.
Histoire de France populaire, tome 5.

La crise du 16 mai 1877.
L'inévitable bras de fer entre Mac-Mahon et les républicains éclate le 16 mai : il aboutira à la victoire de la République. *Histoire de France populaire,* tome 7.

Jules Grévy (1807-1891).
Le premier véritable président de la IIIᵉ République.
Le Monde illustré, 1875.

La *Marseillaise* devient l'hymne national.
Rouget de Lisle chantant le « Chant de guerre pour l'armée du Rhin » (future *Marseillaise*) chez le maire de Strasbourg (1792). *La Marseillaise* est reconnue comme l'hymne national par la loi du 14 février 1879. *L'Illustration*, 20 juin 1936.

Jules GRÉVY
30 janvier 1879 – 2 décembre 1887

Premier véritable président de la IIIᵉ République, Grévy incarne le début du régime républicain. Né le 15 août 1807 à Mont-sous-Vaudrey (Jura), il débute sa carrière politique après la révolution de 1848, comme commissaire de la République dans le Jura, dont il est élu député. Vice-président de la Législative, arrêté lors du coup d'État du 2 décembre, il revient à la vie politique comme député en 1868. En février 1871, il est élu président de l'Assemblée nationale, jusqu'à sa démission en avril 1873, avant de retrouver le perchoir trois ans plus tard.

Le 30 janvier 1879, considéré depuis la mort de Thiers comme le chef du parti républicain, Grévy est élu président de la République par 563 voix sur 705. Ne voulant pas aller à l'encontre de la volonté populaire, il s'engage aussitôt à renoncer au droit de dissolution, pourtant prévu par les lois de 1875 : cette interprétation restrictive fera parler d'une « Constitution Grévy », qui affaiblira le pouvoir exécutif au profit d'une république parlementaire, et conduira les chefs d'État successifs à éviter toute intervention directe dans l'action politique intérieure, à l'exception notable de Millerand au lendemain de la guerre.

Sa présidence est dominée par les personnalités de Léon Gambetta et de Jules Ferry, qui partagent la même conception d'une République laïque et libérale, modérée et « opportuniste », s'opposant aux conceptions d'une République radicale prônée par Clemenceau. Mais Grévy n'aime pas Gambetta, qu'il redoute et refuse longtemps de nommer à la tête du gouvernement, ce qu'il ne pourra cependant éviter avec le « grand ministère », de novembre 1881 à janvier 1882.

Jules Ferry est président du Conseil à deux reprises (1880-1881 et 1883-1885) et ministre de l'Instruction publique. C'est l'époque des grandes lois républicaines : gratuité de l'enseignement primaire, loi sur les réunions publiques et sur la presse (1881), enseignement laïc et obligatoire (1882), légalisation des syndicats, loi sur l'organisation municipale, rétablissement du divorce (1884). La République se donne aussi ses symboles : *La Marseillaise* devient l'hymne national (1879), le 14 Juillet la fête nationale (1880), et *Marianne* s'installe dans toutes les mairies de France. En 1885, Jules Grévy est réélu à la présidence.

Un bal populaire le 14 juillet.
C'est sur la proposition du député de la Seine Benjamin Raspail que le 14 juillet est reconnu comme le jour de la fête nationale. *Le Monde illustré*, 1885.

Jules Ferry (1832-1893).
Ministre de l'Instruction publique du 4 février 1879 au 23 septembre 1880, puis président du Conseil du 23 septembre 1880 au 10 novembre 1881, il attache son nom aux lois scolaires et à la politique d'expansion coloniale (Tunisie et Tonkin).
Histoire de France populaire, tome 7.

La revue militaire du 14 juillet sur les Champs-Elysées.
L'une des plus solides traditions républicaines.
Le Monde illustré, 1885.

LA TROISIÈME RÉPUBLIQUE (1870-1940)

Marianne, symbole de la République.
Sous l'apparence d'une femme coiffée d'un bonnet phrygien, Marianne incarne la république et les valeurs républicaines : « Liberté, Égalité, Fraternité ». Elle représente la patrie fougueuse, guerrière, pacifique, nourricière et protectrice.
Le Petit Journal, 21 février 1891.

L'affaire Schnæbelé (avril 1887).
Guillaume Schnæbelé, commissaire de police français d'origine alsacienne en fonction à Pagny-sur-Moselle, à la frontière franco-allemande, est attiré dans un guet-apens et enlevé par des policiers allemands déguisés en ouvriers agricoles. Un incident diplomatique que l'esprit belliqueux du général Boulanger – le général Revanche – aurait pu conduire à la guerre. A : le point de la frontière où Schnæbelé est assailli. B : le point où il est arrêté.
Le Monde illustré, 1887.

Très attaché à la paix, et plutôt partisan d'une politique de « recueillement », il est opposé à l'expansion coloniale, et refuse d'envenimer la crise née de l'affaire Schnaebelé (avril 1887) en renonçant à envoyer un ultimatum à Berlin, prudence considérée comme une reculade par les tenants du nationalisme et les partisans du général Boulanger, ministre de la Guerre et favorable à une guerre avec l'Allemagne... ce qui lui vaut le surnom de « Général Revanche » et une popularité croissante et inquiétante.

En octobre 1887 éclate le « scandale des décorations » : le gendre de Grévy, le député Daniel Wilson, est en effet convaincu de monnayer son influence pour faire obtenir des marchés publics et des nominations dans l'ordre de la Légion d'honneur. Éclaboussé par l'affaire, Jules Grévy démissionne le 2 décembre 1887. Il meurt à Mont-sous-Vaudrey le 9 septembre 1891.

Inauguration de la salle d'honneur de la Garde républicaine par le général Boulanger (1887).
Le Monde illustré, 1887.

Jules Grévy quittant l'Elysée.
Compromis dans le scandale des décorations, Grévy démissionne le 2 décembre 1887.
Le Monde illustré, 10 décembre 1887.

Sadi Carnot, président de la République.
Le Petit Journal, 29 novembre 1890.

Le général Boulanger fait une entrée triomphale à Clermont-Ferrand, où le gouvernement vient de l'exiler en le nommant à la tête du 13ᵉ corps d'armée (10 juillet 1887).
Le monde illustré, 16 juillet 1887.

Sadi CARNOT
3 décembre 1887 – 24 juin 1894

Le successeur de Grévy a d'abord le mérite de porter un nom « républicain », celui de son grand-père Lazare (« le Grand Carnot », « l'Organisateur de la victoire » au sein du Comité de salut public de l'an II), et de son père Hippolyte, ministre de l'Instruction publique en 1848. Une caution à laquelle s'ajoute une solide réputation d'honnêteté, de compétence et de modération républicaine. Né à Limoges le 11 août 1837, passé par l'École polytechnique puis par l'École des ponts et chaussées, il est élu député de la Côte-d'Or en 1871, et devient sous-secrétaire d'État puis ministre des Travaux publics (1880), du Commerce et, en 1885, se voit confier le portefeuille des Finances. Le 3 décembre 1887, au lendemain de la démission de Jules Grévy, Sadi Carnot est élu président de la République à l'issue d'une manœuvre savamment orchestrée par Clemenceau pour barrer la route de l'Élysée à son ennemi juré Jules Ferry.

Le septennat de Carnot est d'abord marqué par la crise boulangiste. Écarté du pouvoir en juillet 1887, le général Boulanger, exilé à Clermont-Ferrand, est l'objet d'une intense campagne de propagande nationaliste et se présente, comme le permettent la loi électorale et sa mise à la retraite en mars 1888, aux élections législatives partielles sur le programme « Dissolution - Constituante - Révision » ; entre avril et août, il est élu cinq fois. Ses interventions à la Chambre y créent une atmosphère passionnée qui va même jusqu'à provoquer un duel, qu'il perd, avec le président du Conseil Floquet. Le 27 janvier 1889, Boulanger est élu à Paris, et ses partisans, Déroulède en tête, le poussent à marcher sur l'Élysée pour prendre le pouvoir. Mais il tergiverse, hésitant entre le coup d'État et l'attente des élections générales. Un

Le suicide du général Boulanger.
Condamné par le Sénat érigé en Haute Cour, Boulanger vit en exil en Belgique, avec sa maîtresse Mme de Bonnemains. Quelques semaines après sa mort, il se suicide d'un coup de revolver sur la tombe de cette dernière à Bruxelles le 30 septembre 1891.
Le Petit Journal, 10 octobre 1891.

Sadi Carnot lors de la revue du 14 juillet 1891.
Le Petit Journal, 18 juillet 1891.

flottement que le gouvernement met à profit pour faire arrêter les proches du général. Celui-ci prend peur et s'enfuit en Belgique, où il se suicidera le 30 septembre 1891 sur la tombe de sa maîtresse… Fin rocambolesque d'une aventure qui aurait pu emporter la République. Au contraire, l'échec de Boulanger renforce le régime, pour la défense duquel les républicains, des radicaux aux modérés, ont su se rassembler.

LA TROISIÈME RÉPUBLIQUE (1870-1940)

Clemenceau ou *le pas du commandité*. Mis en cause dans le scandale de Panama pour ses relations avec un certain Cornelius Herz, qui achetait les votes de certains députés, Clemenceau est blanchi, mais sa réputation est éclaboussée par les accusations d'escroquerie, qui font le bonheur de certains caricaturistes.
Le Petit Journal, 19 août 1893.

L'épreuve passée, la République apparaît désormais comme le régime naturel et définitif de la France. Elle n'est pourtant pas à l'abri, comme l'a montré en 1887 le scandale des décorations, du discrédit qui éclabousse à l'occasion le personnel politique. C'est le cas en 1892-1893, avec le scandale de Panama, qui compromet de nombreux hommes politiques, dont (à tort) Clemenceau. La République, si elle n'est pas ébranlée, n'en sort pas grandie : Panama provoque une crise de confiance qui se traduit aux élections de 1893 par une forte abstention et une poussée des socialistes. Le début des années

L'assassinat du président Sadi Carnot (24 juin 1894). Le chef de l'Etat était venu à Lyon visiter l'Exposition internationale. Il est poignardé par Caserio à l'aide d'un couteau au manche rouge et noir (les couleurs de l'anarchie). Après son acte, l'assassin n'essaie pas de fuir, mais court autour de la voiture du moribond en criant « Vive l'anarchie ». *Le Petit Journal*, 20 juillet 1894.

Le 9 décembre 1893, pour protester contre la politique répressive qui frappe le mouvement anarchiste, Auguste Vaillant fait exploser une bombe dans la tribune de la Chambre des députés, faisant plusieurs blessés.
Condamné à mort, il est guillotiné le 3 février 1894.
Le Petit Journal, 1893.

ENTENTE FRATERNELLE

Vers l'alliance franco-russe.
La visite de l'escadre française à Cronstadt (juillet 1891), et de la flotte russe à Toulon (octobre 1893) rapproche la République et l'empire des tsars.
Le Petit Journal, 1893.

La tour Eiffel en novembre 1888.
Haute de 178 m, il en reste 122 à monter. La construction s'achève au mois de mars 1889, deux mois avant l'ouverture de l'exposition.
Le Monde illustré, 10 novembre 1888.

1890 voit aussi la montée de l'antiparlementarisme et surtout de la violence anarchiste, incarnée par Ravachol, Vaillant (qui fait exploser une bombe au Palais-Bourbon le 9 décembre 1893) et surtout l'Italien Caserio, qui assassine le président Carnot à Lyon le 24 juin 1894.

Le septennat de celui-ci aura été aussi celui du début du « ralliement » des catholiques à la République, souhaité par le pape Léon XIII.

C'est, sur le plan diplomatique, le début du rapprochement entre la France et la Russie, première étape vers l'alliance franco-russe et la fin de l'isolement diplomatique de la France. C'est enfin, hautement symbolique d'une France tournée vers le progrès, la construction de la tour Eiffel, dont l'inauguration le 15 mai 1889, dans le cadre du centenaire de la Révolution, fait oublier momentanément les déboires de la République !

LA TROISIÈME RÉPUBLIQUE (1870-1940)

Casimir-Périer, président de la République.
Le Petit Journal, 9 juillet 1894.

Madame Casimir-Périer et ses enfants.
Casimir-Périer avait épousé sa cousine, Hélène Périer-Vitet.
Le Petit Journal, 23 juillet 1894.

Casimir-Périer avait été président de la Chambre des députés du 10 janvier au 3 décembre 1893, puis du 2 au 27 juin 1894, date de son élection à la présidence de la République.
Le Petit Journal, 28 janvier 1893.

Jean CASIMIR-PÉRIER
27 juin 1894 – 15 janvier 1895

Petit-fils de Casimir Périer, qui fut président du Conseil au tout début de la monarchie de Juillet, fils d'Auguste Casimir-Périer, ministre de l'Intérieur d'Adolphe Thiers, Jean Casimir-Périer est né à Paris le 8 novembre 1847. Il débute sa carrière politique en 1876 comme député, et dès l'année suivante devient sous-secrétaire d'État à l'Instruction publique, aux Cultes et aux Beaux-Arts, puis à la Guerre. Vice-président de la Chambre des députés (1885-1892), il en est élu président en janvier 1893, et le 3 décembre est nommé président du Conseil.

Au lendemain de l'assassinat de Sadi Carnot, Casimir-Périer est élu président de la République par 451 voix sur 851 votants, au grand dam des socialistes qui dénoncent le « vote scandaleux » qui portait à la tête du pays « un spéculateur et un exploiteur du peuple ». Rapidement, une campagne de calomnies se déclenche contre le nouveau locataire de l'Élysée, tenu à l'écart des choix gouvernementaux par le président du Conseil Dupuy, et qui se sent vite prisonnier d'une fonction pour laquelle il n'avait sans doute pas été préparé. Les attaques personnelles et les calomnies du journal anarchiste *Chambard*, de Gérault-Richard (« À bas Casimir ! ») le blessent profondément, d'autant que ce dernier, après un procès au cours duquel son défenseur, Jaurès en personne, attaque violemment le chef de l'État, est élu député de Paris. C'en est trop pour Casimir-Périer, qui démissionne le 16 janvier 1895. Rentré dans la vie privée, il se consacre à la gestion des mines d'Anzin et à des œuvres sociales. Il meurt à Paris le 11 mars 1907.

Félix Faure, président de la République.
Le Petit Journal, 27 janvier 1895.

Félix FAURE
17 janvier 1895 – 16 février 1899

Le lendemain de la démission de Casimir-Périer, les Chambres réunies à Versailles élisent à la présidence de la République un homme peu connu du grand public, mais à qui sa prestance physique, sa distinction et le goût du faste et de l'étiquette valent rapidement le surnom de « Président-Soleil ».

Né à Paris le 30 janvier 1841 d'un père fabricant de meubles, Félix Faure s'élève dans l'échelle sociale et fonde au Havre une importante peausserie. Conseiller municipal de la ville en 1870, il en est le député de 1881 à 1895. Il est sous-secrétaire d'État au Commerce et aux Colonies en 1881-1882, sous-secrétaire d'État à la Marine (1883-1885, puis 1888), et ministre du même département (1894-1895).

Lors de l'élection présidentielle de 1895, les parlementaires élisent Félix Faure au second tour par 430 voix contre 361 à Brisson, président de la Chambre. Le nouveau président se cantonne dans un rôle strictement constitutionnel, mais tient une place déterminante dans le cadre de ses attributions.

Félix Faure acclamé par la foule au camp de Sathonay, près de Lyon.
En 1895, le président de la République vient au camp de Sathonay en compagnie des ministres de la Guerre et de la Marine, pour remettre leurs drapeaux aux unités coloniales prêtes à partir pour l'expédition de Madagascar. Le Petit Journal, 1895.

LA TROISIÈME RÉPUBLIQUE (1870-1940)

Fachoda.
L'affaire de Fachoda déclenche en France une violente campagne contre la « perfide Albion », représentée comme une terrifiante grand-mère prête à dévorer la galette de la France. En réponse à cette anglophobie, la reine Victoria renoncera à ses habituels séjours sur la Côte d'Azur. *Le Petit Journal*, 20 novembre 1898.

La dégradation du capitaine Dreyfus (5 janvier 1895).
Condamné pour trahison en décembre 1894, Alfred Dreyfus doit subir, avant son départ pour l'île du Diable, l'humiliation de la dégradation, dans la cour de l'Ecole militaire.
Le Petit Journal, 13 janvier 1895.

Visite du tsar Nicolas II à Paris (octobre 1896).
Le tsar et la tsarine remontent les Champs-Elysées, acclamés par la foule, qui voit dans leur présence la fin de l'isolement de la France et l'affirmation de la paix.
Le Petit Journal, 10 octobre 1896.

Dans le domaine de la politique extérieure, sa présidence est marquée par le renforcement de l'alliance franco-russe, mais aussi par la crise de Fachoda, qui crée à l'automne de 1898 une grave tension avec l'Angleterre.

Le septennat de Félix Faure est surtout celui de l'affaire Dreyfus, seconde crise majeure, après le boulangisme, à mettre en danger la République. Le capitaine Dreyfus, condamné pour trahison en décembre 1894 sur la foi d'un simple bordereau, est déporté à l'île du Diable. En 1897, une campagne de presse est lancée en vue de la réouverture du dossier, et fait de l'affaire Dreyfus une affaire politique qui divise la France. Le 13 janvier 1898, *L'Aurore* publie une lettre ouverte d'Émile Zola au président de la République, sous le titre « J'accuse ! », dans laquelle

la réouverture du procès, à la grande colère des nationalistes, des militaires et des antisémites (Félix Faure y était personnellement opposé). Au début de l'année 1899, l'affaire divise de plus en plus le pays, lorsque survient un événement inopiné : la mort brutale du président Félix Faure (16 février).

Les circonstances de la disparition du chef de l'État, mort dans les bras de sa maîtresse, sont uniques dans les annales de la République. En 1897, Félix Faure avait rencontré l'épouse du peintre Adolphe Steinheil, et en avait fait sa maîtresse, qu'il recevait régulièrement dans le Salon bleu de l'Élysée. Le 16 février 1899, dans l'après-midi, les domestiques découvrent, agonisant devant Mme Steinheil qui rajuste ses vêtements en désordre, le président victime d'une attaque cérébrale. Si sa mort suscite des commentaires moqueurs et ironiques, les Français ressentent à sa disparition une certaine émotion, car il bénéficiait d'une popularité certaine.

La une de *L'Aurore* du 13 janvier 1898 : « J'accuse », d'Emile Zola.

l'auteur de *Germinal* prend à partie les chefs militaires qui, par antisémitisme ou par esprit de corps, ont sciemment condamné un innocent. Après le suicide en prison du commandant Henry, l'auteur du faux qui avait fait condamner Dreyfus, le gouvernement autorise

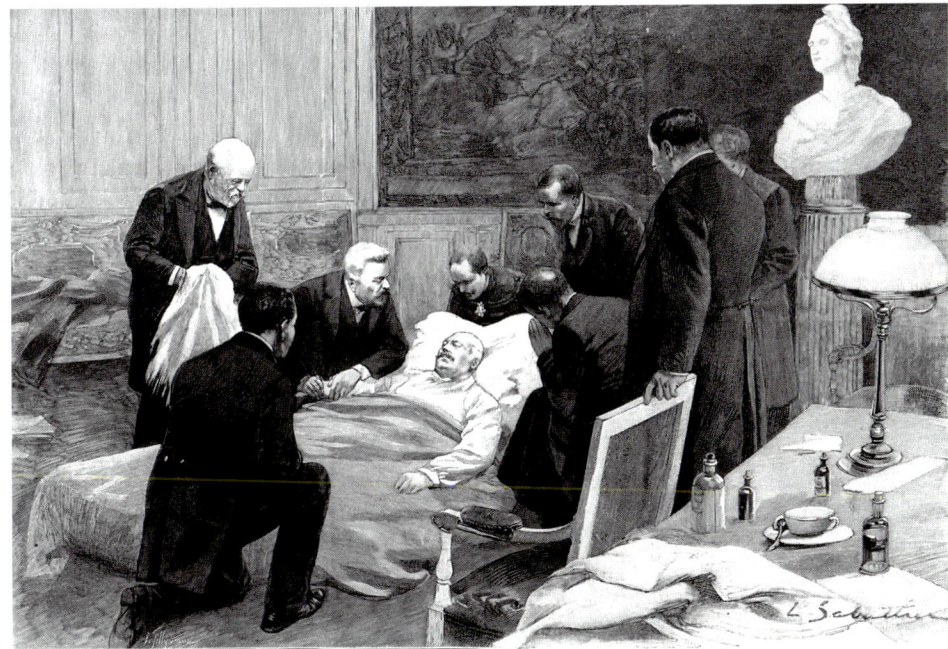

La mort du président Félix Faure (16 février 1899).
L'Illustration, 25 février 1899.

LA TROISIÈME RÉPUBLIQUE (1870-1940)

Emile Loubet, président de la République.
Le Petit Journal, 26 février 1899.

Le banquet des maires de France (22 septembre 1900).
À l'initiative du président Emile Loubet, tous les maires de France sont invités à un gigantesque banquet pour célébrer l'anniversaire de la première République. Le banquet a lieu au Grand Palais dans le cadre de l'Exposition universelle. Il réunit 22 000 maires. On voit ici l'arrivée de la délégation bretonne.
Le Petit Journal, 7 octobre 1900.

Émile LOUBET
18 février 1899 – 18 février 1906

Le 17 février 1899, le président du Sénat, Émile Loubet, annonce à ses pairs la disparition brutale de Félix Faure. Le jour même, les groupes républicains s'entendent pour proposer sa candidature, et le lendemain le Congrès de Versailles le porte à la tête de l'État, par 483 voix contre 279 à Jules Méline.

Né à Marsanne (Drôme) le 31 décembre 1838 dans une famille de paysans, Émile Loubet, avocat de formation, devient maire de Montélimar en 1870, et en 1876 est élu député, un mandat qu'il conserve jusqu'à son entrée au Sénat en 1885. Après avoir occupé le portefeuille des Travaux publics, il exerce durant quelques mois, en 1892, la charge de président du Conseil, et en 1894 est ministre de l'Intérieur. Le 1er janvier 1896, il est élu président du Sénat.

Son septennat est marqué d'abord par le règlement de l'affaire Dreyfus, à la révision du procès duquel il est favorable… ce qui lui vaut d'être injurié et agressé d'un coup de canne lors du grand steeple-chase d'Auteuil par le baron nationaliste Cristiani, le 4 juin 1899 ; le 19 septembre, il gracie Dreyfus, qui sera réhabilité le 21 juillet 1906 par la Cour de cassation. Pendant son mandat, Émile Loubet, s'abritant derrière la Constitution, conserve une prudente neutralité et se garde d'intervenir dans les questions de politique intérieure, notamment dans les querelles liées aux rapports avec l'Église.

Dans l'histoire de la IIIe République, les années 1901-1905 marquent l'apogée de la République radicale, avec les gouvernements de Waldeck-Rousseau (juin 1899-juin 1902) et surtout d'Émile Combes (juin 1902-janvier 1905). Les radicaux, première force politique à l'issue de l'affaire Dreyfus et pilier du Bloc des gauches, mènent une politique sociale avancée (réduction de la journée de travail à onze heures, et à neuf chez les mincurs), mais surtout une politique anticléricale inaugurée par la loi de 1901 sur les associations. L'âge d'or de cet « anticléricalisme d'État » (René Rémond), se situe sous le ministère Combes avec la loi de 1904 interdisant tout enseignement aux congrégations religieuses, et la rupture des relations diplomatiques avec le Vatican.

Le président Loubet et les premières notes de *La Marseillaise*.
Carte postale.

Pierre Waldeck-Rousseau (1846-1904).
Il dirige le plus long gouvernement de la IIIe République (juin 1899-juin 1902).
Le Petit Journal, 9 juillet 1899.

Le dernier ravitaillement du Fort Chabrol (septembre 1899).
À la fin de l'été 1899, le gouvernement Waldeck-Rousseau craint une émeute nationaliste à l'occasion du procès en révision de Dreyfus, à Rennes, et veut arrêter notamment Jules Guérin (du journal *L'Antijuif*) au 51, rue de Chabrol, dans le Xe arrondissement de Paris. Avec une quinzaine de collaborateurs, Guérin se barricade et la police cerne le bâtiment. Les fenêtres de la rue sont louées à des enthousiastes venus les encourager, on ravitaille les « résistants » depuis les toits voisins Les assiégés finissent par se rendre sans combattre… au moins auront-ils lancé une expression qui fera fortune !
Le Petit Journal, 1er octobre 1899.

LA TROISIÈME RÉPUBLIQUE (1870-1940)

La séparation de l'Eglise et de l'Etat. Les objets au pied de Marianne rappellent l'inventaire des biens du clergé.
Carte postale de 1907.

L'inventaire des biens d'église à Gourin (Morbihan), en présence des chasseurs de Pontivy (6 mars 1906).
Carte postale.

Émue par la fermeture de nombreuses écoles et l'expulsion de religieux, l'opinion publique est secouée par une affaire qui au même moment empoisonne à nouveau la vie politique et ébranle le monde militaire : l'affaire des « fiches », qui éclate en octobre 1904 avec la révélation, par *Le Figaro*, des pratiques du général André, ministre de la Guerre ; celui-ci avait demandé aux loges maçonniques du Grand Orient la liste des officiers allant régulièrement à la messe. Giflé par le député nationaliste Syveton, le général André est contraint à la démission.

Depuis le programme de Belleville de Gambetta (1869), l'un des objectifs des radicaux est la séparation des Églises et de l'État. La rupture avec Rome la rend désormais inévitable, et c'est sous le gouvernement Rouvier, successeur de Combes, que la loi est votée, en décembre 1905. Son application déclenche chez les catholiques une véritable rébellion lorsque les agents de l'État pénètrent dans les églises pour y procéder à l'inventaire des objets d'art. La « querelle des Inventaires » suscite plusieurs incidents au début de l'année 1906, en particulier en Bretagne et dans le Nord.

La présidence de Loubet est caractérisée par une intense activité diplomatique, dont le chef d'orchestre n'est autre que Delcassé, l'homme de Fachoda mais aussi de l'Entente cordiale avec l'Angleterre, signée le 8 avril

La musique de la Garde républicaine à Londres (1906). Le roi Edouard VII passe en revue la musique de la Garde républicaine, représentée à l'ouverture du second parlement du règne. Oubliée la crise de Fachoda : l'heure est à l'Entente cordiale.
Le Petit Journal, 4 mars 1906.

Visite du roi d'Italie Victor-Emmanuel III en France (octobre 1903). On décore l'avenue de l'Opéra en l'honneur du souverain italien, venu pour resserrer les liens entre les deux grandes nations latines.
Le Petit Journal, 18 octobre 1903.

L'élection présidentielle de 1906 se prépare.
Le Petit Journal, 17 décembre 1905.

1904, et du rapprochement avec l'Italie (1900-1902). Une diplomatie appuyée par les fréquentes visites du président à l'étranger et par la réception à Paris de plusieurs chefs d'État, dont le roi d'Espagne Alphonse XIII, qui échappe à un attentat pendant son séjour (31 mars 1905).

Son mandat achevé, Émile Loubet n'en sollicite pas le renouvellement. Il se retire à Montélimar, où il mourra le 20 décembre 1929.

Armand Fallières, président de la République.
Le Petit Journal, 28 janvier 1906.

Caricature d'Armand Fallières. Carte postale.

Armand FALLIÈRES
18 février 1906 – 17 février 1913

Le 18 janvier 1906, Armand Fallières, président du Sénat, est élu dès le premier tour par 449 voix contre 371 à Paul Doumer, président de la Chambre. Gascon jovial et corpulent, il allait faire le bonheur des caricaturistes, mais saura se rendre populaire par sa prudence et sa tolérance.

Fallières est né le 6 novembre 1841 à Nérac (Lot-et-Garonne). Avocat, il est élu député en 1876 et siège parmi les républicains de gauche. En mai 1880, il est nommé secrétaire d'État à l'Intérieur dans le cabinet de Jules Ferry, puis ministre de l'Intérieur, avant d'être un éphémère président du Conseil en janvier-février 1883. Jusqu'en 1892, il alterne les portefeuilles de l'Instruction publique et de la Justice. Élu au Sénat en 1890, il en devient le président le 3 mars 1899, et à ce titre préside la Haute Cour de Justice qui condamne Paul Déroulède à dix ans de bannissement, le 5 janvier 1900, pour sa tentative de coup d'État lors des obsèques de Félix Faure.

Six mois après son entrée à l'Élysée, Fallières fait appel à Clemenceau pour diriger le gouvernement, l'un des plus longs de la IIIe République (25 octobre 1906-23 juillet 1909). Dans ce gouvernement figurent Joseph Caillaux aux Finances, Aristide Briand à l'Instruction publique, chargé de l'application de la loi de séparation, et le socialiste indépendant René Viviani, pour lequel est créé un ministère du Travail, de l'Hygiène et de la Prévoyance sociale, ce qui laisse présager une politique sociale hardie : or les seules réformes sociales majeures sont la journée de travail de huit heures pour les mineurs (1908), et l'institution des retraites ouvrières, votée par la Chambre mais ratifiée en 1910 seulement par le Sénat. En mars 1909, Caillaux fait adopter le projet d'un impôt général et progressif sur le revenu, mais le Sénat fait à nouveau obstruction.

En fait, le ministère Clemenceau est plus répressif que réformateur. Clemenceau, qui a gardé le portefeuille de l'Intérieur, mène une répression impitoyable contre tous les mouvements sociaux, qui s'amplifient à partir de 1906 autour de la journée de huit heures. Les grèves se multiplient, et Clemenceau n'hésite pas à employer la manière forte : deux morts parmi les terrassiers de Draveil (2 juin 1908), quatre morts et des centaines de blessés chez les grévistes de Villeneuve-Saint-Georges (30 juillet 1908) font de lui dans l'opinion « le briseur de grèves ». Clemenceau suscite la rancœur, voire la haine, du monde du travail et des syndicats ouvriers,

Les grèves ouvrières s'amplifient en 1908.
Le 30 juillet, une grève générale de 24 heures est décidée par la CGT. Des barrages sont dressés aux alentours de la Bourse du Travail.
Le Petit Journal, 16 août 1908.

Séance houleuse à la Chambre : les députés socialistes accompagnent la sortie de Clemenceau sous les vociférations.
Le Petit Journal, 30 mai 1906.

LA TROISIÈME RÉPUBLIQUE (1870-1940)

Le 9 juin 1907 à Montpellier, Marcelin Albert et les vignerons fédérés prononcent le serment des vignerons : « Vive le vin naturel, à bas le sucre, guerre aux fraudeurs ! » *L'Illustration*, 15 juin 1907.

n'hésitant pas à révoquer des centaines de postiers en grève (mars 1909) et d'instituteurs syndiqués, et à faire arrêter des dirigeants de la CGT. L'année 1907 est marquée par la révolte des vignerons du Languedoc, ruinés par les ravages du phylloxéra ; Clemenceau, qui réussit à compromettre leur porte-parole Marcelin Albert, fait arrêter les meneurs et soumet le Languedoc à une occupation militaire, déclenchant des incidents violents à Montpellier, Béziers et Narbonne, tandis que les soldats du 17ᵉ régiment fraternisent avec les vignerons et refusent de tirer sur eux.

« Premier flic de France », Clemenceau est aussi à l'origine, grâce à l'action du préfet de police Célestin Hennion, de la création d'une police moderne, immortalisée par la célèbre série télévisée *Les Brigades du Tigre*,

Les mutins du 17ᵉ régiment d'infanterie sur les allées Paul-Riquet à Béziers.
Le 19 juin 1907, à Narbonne, des cuirassiers chargent et tuent un homme. Le lendemain, l'armée tire sur la foule, faisant cinq victimes. Mais le 17ᵉ régiment de Béziers, essentiellement composé de Languedociens, se révolte et rejoint les manifestants. *L'Illustration*, 29 juin 1907.

FIN D'UNE TERREUR — LA TRAGÉDIE DE CHOISY-LE-ROI
La Fusillade

qui s'illustrent dans la lutte contre la bande à Bonnot (1911-1912), gangsters d'une extrême violence, et les « Apaches », nom donné à l'époque aux voyous de Belleville.

Le septennat de Fallières est marqué aussi par la montée des tensions entre la France et l'Allemagne, en particulier à propos du Maroc où une première crise (l'affaire de Tanger) avait éclaté en 1905, réglée par la conférence d'Algésiras. En 1911 c'est le coup d'Agadir (où Guillaume II envoie une canonnière), crise suivie, après négociation, de l'établissement du protectorat français sur l'empire chérifien, alors que l'aggravation de la situation dans les Balkans annonce la montée des périls.

En 1913, à la fin de son mandat, Armand Fallières se retire de la vie politique. Il décède le 22 juin 1931 dans sa résidence de Loupillon à Mézin, à l'âge de 90 ans.

La fin de « la bande à Bonnot ».
Assiégé dans un pavillon à Choisy-le-Roi le 28 avril 1912, Jules Bonnot est abattu par la police au terme d'une fusillade.
Carte postale.

La conférence d'Algésiras sur le Maroc : l'arrivée des ambassadeurs marocains.
Les accords du 7 avril 1906 placent le Maroc sous la protection des grandes puissances européennes, sous couvert de réformes, de modernisation et d'internationalisation de l'économie marocaine.
Le Petit Journal, 21 janvier 1906.

LA TROISIÈME RÉPUBLIQUE (1870-1940)

Raymond Poincaré (1860-1934) (pastel) de Mme Hanotaux).
Histoire de la Nation française, tome 5.

Caricature : le peuple accompagne Raymond Poincaré à l'Elysée.
On remarquera le drapeau aux armes de la Lorraine – le président est Meusien – « d'or à la bande de gueules chargée de trois alérions d'argent ».
Carte postale.

Raymond Poincaré en Russie (juillet 1914), à la veille de la guerre, en compagnie du tsar Nicolas II. *L'Illustration,* 1er août 1914.

Raymond POINCARÉ
17 février 1913 – 17 février 1920

Parce qu'il sut incarner la France en guerre contre l'Allemagne, Raymond Poincaré est sans nul doute, pour la plupart des Français, le président le plus connu de la IIIe République. Seul chef d'État (avec plus tard Gaston Doumergue) à avoir dirigé le gouvernement après son septennat, il symbolise la fermeté à l'égard de l'Allemagne et a laissé son nom au « franc Poincaré ». Il est resté dans la mémoire collective comme une figure de compétence et de stabilité, un recours républicain dans les périodes de crise.

La carrière politique de Poincaré est l'une des plus longues de la IIIe République, puisqu'elle s'étend de 1887 à 1929. Né à Bar-le-Duc le 20 août 1860, avocat à Paris, il est député de la Meuse de 1887 à 1903, date à laquelle il entre au Sénat. Sa carrière ministérielle commence à 33 ans avec le ministère de l'Instruction publique et des Cultes, et se poursuit avec le portefeuille des Finances (1894 et 1906). Homme modéré et conciliant, soucieux de soigner son image consensuelle, Poincaré sait se tenir prudemment en retrait des querelles. Il passe aux yeux de la gauche modérée comme un véritable républicain par son attachement aux institutions et à la laïcité, et se gagne les faveurs de la droite par son patriotisme de Lorrain. Le 14 janvier 1912, il est nommé président du Conseil, se réservant les Affaires étrangères à un moment où la tension s'aggrave en Europe ; sa politique de fermeté en fait le prétendant le plus en vue pour la succession de Fallières, et le 17 janvier 1913, Raymond Poincaré est élu président de la République, par 483 voix contre 296 à Jules Pams, ministre de l'Agriculture, candidat de Clemenceau et de Caillaux.

Sitôt investi, Poincaré nomme Briand président du Conseil, bientôt remplacé par Louis Barthou, qui, quelques mois avant la guerre, fait voter la loi rétablissant le service militaire de trois ans. Au mois de juillet 1914, en pleine crise internationale provoquée par l'attentat de Sarajevo, il se rend à Saint-Pétersbourg pour renforcer l'alliance mais aussi pour tempérer les velléités guerrières de Nicolas II. Une fois la guerre déclarée, Poincaré devient le président de l'Union sacrée, à laquelle les

Les chefs des Etats en guerre en 1914 : Poincaré, Nicolas II, George V, Pierre Ier de Serbie, Albert Ier de Belgique.
Carte postale.

Le 1er août 1914, le gouvernement décrète la mobilisation générale. Poincaré, annonçant l'événement, ajoute : « La mobilisation n'est pas la guerre »… mais qui peut le croire ?
Carte postale.

Scène de la mobilisation et du départ des hommes : « À Berlin ! »
Carte postale.

« Ils ont tué Jaurès ! ».
Le chef de la SFIO est assassiné au café du Croissant (rue Montmartre à Paris), le 31 juillet 1914, trois jours avant le déclenchement des hostilités, par Raoul Villain. Cet assassinat atteint d'ailleurs son but, car il facilite le ralliement des socialistes à l'« Union sacrée ». Acquitté en 1919, Villain sera fusillé par les républicains espagnols en 1936.
Carte postale.

Georges Clemenceau : le « Père la Victoire ».
Carte postale.

socialistes adhèrent après l'assassinat de Jaurès le 31 juillet 1914. Durant la guerre, cinq présidents du Conseil se succèdent : Viviani, Briand, Ribot, Painlevé, jusqu'au mois de novembre 1917 où Poincaré se décide enfin à nommer son vieil adversaire Clemenceau. Chef du gouvernement jusqu'à la fin du septennat, celui-ci mobilise le pays en vue de la victoire finale, et confine Poincaré à un rôle de spectateur, alors que jusqu'à la chute de Briand en mars 1917 il avait pris part à toutes les décisions majeures. L'armistice, que Poincaré juge prématuré (il reproche à Clemenceau de « couper les jarrets de nos soldats ») est signé le 11 novembre 1918, et le traité de Versailles le 28 juin 1919.

Le château du Clos à Sampigny (Meuse).
Résidence d'été du président Poincaré, il est bombardé par les Allemands en septembre 1914. Ils transformeront en cabinet d'aisances le caveau familial des Poincaré à Nubécourt.
Coll. James Éveillard.

Après son septennat, Poincaré continue à jouer, jusqu'en 1929, un rôle majeur dans la politique française. Nommé président du Conseil par Alexandre Millerand le 15 janvier 1922, il adopte une politique de fermeté envers l'Allemagne, qui refuse de payer les réparations de guerre, et fait occuper la Ruhr (janvier 1923). Mais sa politique de rigueur financière le rend impopulaire, et en 1924, après la victoire du Cartel des gauches, il démissionne. Rappelé au pouvoir en juillet 1926 devant l'ampleur de la crise financière, il forme un gouvernement d'Union nationale et parvient à redresser le franc (« franc Poincaré »). Il se retire de la vie politique en 1929, et meurt à Paris le 15 octobre 1934.

La conférence de la paix s'ouvre le 18 janvier 1919.
Le traité de paix avec l'Allemagne est signé le 28 juin, dans la galerie des Glaces du château de Versailles. Clemenceau et le président des Etats-Unis Wilson apposant leur signature. *L'Illustration*, 1919.

Paul Deschanel avait présidé la Chambre des députés à deux reprises.
Le Petit Journal, 26 juin 1898.

Paul Deschanel vient d'être investi président de la République.
L'Illustration, 24 janvier 1920.

Paul DESCHANEL
18 février 1920 – 21 septembre 1920

La présidence de Paul Deschanel est restée, dans les annales de la IIIe République, comme l'une des plus singulières par son dénouement rapide et insolite, qui a fait du personnage une victime toute désignée de la caricature politique des premières années de l'après-guerre.

Paul Deschanel, né le 13 février 1855 à Schaerbeck, près de Bruxelles (où son père s'était réfugié après le coup d'État de 1851), entre en politique en 1885 comme député d'Eure-et-Loir. Homme consensuel et modéré se voulant au-dessus des partis, il occupe à deux reprises le perchoir du Palais-Bourbon, de 1898 à 1902, puis de 1912 à 1919. Le 17 janvier 1920, le Congrès de Versailles l'élit à la présidence de la République, par 734 voix face à Clemenceau, dont la carrière politique, d'une exceptionnelle longévité, se trouve ainsi brutalement achevée.

La présidence de Deschanel est au contraire d'une exceptionnelle brièveté. Elle se termine, à peine commencée, d'une manière cocasse et navrante. Dans la nuit du 23 au 24 mai 1920, se déplaçant en train pour se rendre à l'inauguration d'un monument à Montbrison, près de Montargis, alors qu'il est grippé et fatigué, le président chute accidentellement du wagon (le train roulait à vitesse réduite) ; hébété et vêtu de son seul pyjama, il se présente à un ouvrier cheminot et au garde-barrière comme étant « le président de la République », ce qui

dut, on l'imagine, les laisser pantois et dubitatifs sur l'état mental de l'inconnu ! Alertées, la gendarmerie et les autorités finissent par récupérer un chef d'État qui n'en a guère l'apparence… L'incident donne lieu dans la presse à de nombreux commentaires, à des ragots et à des caricatures souvent cruels, et inspire les chansonniers qui n'en demandaient pas tant. Un second incident survient le 10 septembre à l'aube dans le parc du château de Rambouillet, où l'on retrouve le pauvre Deschanel à demi vêtu dans un bassin : ramené dans ses appartements, il ne se souviendra de rien.

Paul Deschanel souffrait de graves troubles mentaux connus sous le nom de *syndrome d'Elpénor*, qui le rendent incapable d'exercer plus longtemps sa fonction ; fatigué et désabusé, il démissionne le 21 septembre 1920. Il retrouve néanmoins ses facultés, et le 19 janvier 1921 est élu sénateur d'Eure-et-Loir. Un an plus tard, il devient président de la commission des Affaires étrangères du Sénat, et meurt à Paris des suites d'une pleurésie le 28 avril 1922.

Le 21 septembre 1920, à la Chambre des députés, le président Raoul Péret lit la lettre de démission du président Deschanel, écoutée par l'assemblée debout. *L'Illustration*, 1920.

La mésaventure de Paul Deschanel vue par *L'Illustration* (29 mai 1920).
Au centre, la fenêtre à guillotine du wagon par laquelle le président a basculé sur la voie. En bas à droite, le départ de l'automobile qui le ramène de Montargis à Paris.

LA TROISIÈME RÉPUBLIQUE (1870-1940)

Alexandre MILLERAND
23 septembre 1920 – 11 juin 1924

Au mois de janvier 1923, pour contraindre l'Allemagne à verser les réparations exigées par le traité de Versailles, Poincaré ordonne l'occupation de la Ruhr. Sur fond de paysage industriel, l'ingénieur et le douanier français.
L'Illustration, 13 janvier 1923.

Le général de Viry, commandant la 9ᵉ brigade de dragons, devant la statue de Krupp à Essen.
L'Illustration, 20 janvier 1923.

Le 23 septembre 1920, Alexandre Millerand est élu à la présidence de la République par 695 voix sur 892. Né le 10 février 1859 à Paris, il est élu député du XIIᵉ arrondissement de Paris en 1885, et siège à l'extrême gauche comme socialiste indépendant. En 1896, il prononce le célèbre discours de Saint-Mandé, qui appelle le mouvement socialiste à la conquête du pouvoir par le suffrage universel.

En juin 1899, il entre dans le ministère Waldeck-Rousseau comme ministre du Commerce, de l'Industrie, des Postes et

Alexandre Millerand, élu président de la République le 23 septembre 1920. *L'Illustration*, 1920.

La victoire du Cartel des gauches.
Réunion plénière des gauches au Palais d'Orsay (1er juin 1924), avant l'ouverture de la nouvelle législature. À la tribune, de gauche à droite, Painlevé, Herriot et Blum.
L'Illustration, 7 juin 1924.

Télégraphes, devenant ainsi le premier socialiste à exercer des fonctions gouvernementales. Il élabore une législation sociale importante, et encourage le développement des syndicats. En janvier 1912, il devient ministre de la Guerre du gouvernement Poincaré, et le reste dans le cabinet d'Union nationale de Viviani (1914-1915). En mars 1919, il est nommé par Clemenceau commissaire général de la République en Alsace-Lorraine, avec pour mission de réorganiser les trois départements recouvrés. Le 20 janvier 1920, à la suite de la victoire du Bloc national, coalition de centre-droit, il est nommé président du Conseil, et le 23 septembre est élu à la présidence de la République par 695 voix sur 892.

Millerand entend jouer un rôle et ne pas rester inactif, notamment en politique étrangère. Partisan de la fermeté envers l'Allemagne, il soutient Poincaré lorsque celui-ci fait occuper la Ruhr (janvier 1923). Mais son erreur est d'intervenir dans la campagne législative de 1924, s'affirmant comme le chef de la droite contre le Cartel des gauches d'Herriot et de Painlevé. La victoire du Cartel est une défaite personnelle pour lui, et les députés, refusant tout ministère émanant de son autorité, le contraignent à la démission, le 11 juin 1924. Au mois d'avril 1925, il est élu sénateur de la Seine. Il meurt le 6 avril 1943.

Le président de la République Millerand reçoit Edouard Herriot, qui sera nommé président du Conseil le 15 juin.
L'Illustration, 14 juin 1924.

Gaston Doumergue en 1902.
L'Illustration, 21 juin 1924.

Les difficultés financières du gouvernement Herriot : « Si vous avez besoin de nous pour crever le plafond de la banque, nous sommes là. »
Le Pèlerin, 12 février 1928.

Gaston Doumergue à Strasbourg (31 mai 1925).
Sortant de la gare, le chef de l'Etat s'incline devant le drapeau.
L'Illustration, 6 juin 1925.

Gaston DOUMERGUE
13 juin 1924 – 13 juin 1931

Deux jours après la démission de Millerand, le Congrès de Versailles élit pour lui succéder, face au président de la Chambre Paul Painlevé, le président du Sénat Gaston Doumergue. Archétype du Méridional jovial, c'est un homme qui rassure et qui plaît, par son affabilité et sa bonhomie, mais surtout par sa forte personnalité et son habileté politique. « Gastounet » restera comme l'un des présidents les plus populaires de la IIIe République (et le seul de confession protestante).

Né à Aigues-Vives (Gard) le 1er août 1863 d'un père vigneron, Doumergue fait des études de droit. Après trois ans comme juge à Hanoi puis à Alger, il est élu député radical-socialiste de Nîmes en 1893. Il commence sa carrière ministérielle aux Colonies dans le cabinet Combes (1902), et siège au gouvernement sans interruption de 1906 à 1910, passant du Commerce et de l'Industrie à l'Instruction publique et aux Beaux-Arts. Sénateur en 1910, il est président du Conseil et ministre des Affaires étrangères du 9 décembre 1913 au 8 juin 1914, avant de retrouver les Colonies jusqu'en mars 1917. Le 22 février 1923, il est élu à la présidence du Sénat. Un an plus tard, il accède à la magistrature suprême.

Aussitôt, Doumergue confie la direction du cabinet à Édouard Herriot, président du parti radical, gouvernement handicapé dès le départ par le refus des socialistes d'y entrer. Herriot prend rapidement des mesures pour introduire les lois laïques en Alsace-Moselle, déclenchant une vive agitation qui le fait reculer... ce qui explique que les trois départements de l'Est sont encore aujourd'hui sous le régime concordataire. Mais c'est avant tout le problème financier qui hypothèque l'action gouvernementale, l'inflation et la dépréciation du franc faisant fuir les capitaux à l'étranger et répandant l'inquiétude dans le public : le 10 avril 1925, le Sénat renverse le gouvernement. Doumergue fait appel à Painlevé, qui s'entoure de Caillaux aux Finances et de Briand aux Affaires étrangères : nouvel échec. C'est alors une cascade de ministères, cinq cabinets se succédant entre octobre 1925 et juillet 1926, jusqu'à ce que Doumergue fasse appel, pour résoudre la crise financière, à Raymond Poincaré, qui rétablit rapidement la confiance grâce à un gouvernement d'union nationale allant de la droite aux radicaux. La fuite des capitaux cesse, la spéculation à la baisse du franc s'arrête, et le 24 juin 1928 le franc est stabilisé. En même temps, la détente se poursuit avec l'Allemagne, qui quelques mois après le pacte de Locarno (1925) entre à la Société des Nations.

Au mois de juillet, malade, Poincaré démissionne. Le 24 octobre 1929, éclate à New York le krach de Wall Street, qui en quelques mois entraîne le monde dans une crise économique sans précédent, et qui touche la France en 1931 au moment où s'achève le septennat de Doumergue. Comme Poincaré en 1922, l'ancien chef de l'État retrouve la présidence du Conseil après l'Élysée, lorsque Albert Lebrun lui confie les rênes du gouvernement au lendemain du 6 février 1934. Partisan d'un renforcement du pouvoir exécutif, il présente à l'automne un projet de réforme constitutionnelle, que rejettent les radicaux. Il démissionne le 8 novembre, et se retire de la vie politique. Il meurt le 18 juin 1937.

24 octobre 1929 : le krach de Wall Street entraîne la panique boursière à New York et la crise économique dans le monde.
L'Illustration, 9 novembre 1929.

Paul Painlevé (à droite) et Aristide Briand (à gauche) sortant de l'Élysée où ils ont été reçus par le président de la République : le premier est nommé président du Conseil, le second ministre des Affaires étrangères.
L'Illustration, 18 avril 1925.

Le premier voyage officiel du président Doumer dans l'Aisne.
Le Miroir du monde, 1er août 1931.

LE PREMIER VOYAGE PRÉSIDENTIEL DE M. PAUL DOUMER

Pour son premier voyage présidentiel, M. Doumer a tenu à visiter la région de l'Aisne et s'est rendu à Laon, qui fut le berceau de sa vie politique. Il présida, à la Préfecture, un déjeuner offert aux membres du Conseil général et s'arrêta, à Anizy-le-Château, devant le monument aux morts de cette ville, sur lequel sont inscrits les noms de ses quatre fils tués à la guerre. Le voici dans les jardins de la Préfecture, à Laon, ayant à ses côtés M. Graux, préfet de l'Aisne, les parlementaires et les conseillers généraux du département.

Paul Doumer est élu président de la République.
Le Pèlerin, 24 mai 1931.

Paul DOUMER
13 juin 1931 – 7 mai 1932

Élu le 13 mai 1931, Paul Doumer est resté dans l'histoire de la IIIe République, après Sadi Carnot, comme le second président assassiné. Tombé sous le couteau du Russe Gorguloff le 6 mai 1932, son mandat n'aura duré qu'un an, à peine plus que ceux de Carnot et de Deschanel.

Paul Doumer est né à Aurillac le 22 mars 1857, dans une famille très modeste. Il travaille à l'âge de douze ans comme coursier, puis ouvrier d'usine et ouvrier graveur. Pour financer ses études, il devient répétiteur à domicile tout en préparant son baccalauréat aux cours du soir. Il obtient sa licence de mathématiques en 1877, puis de droit en 1878. D'abord enseignant, il opte pour le journalisme, puis se lance dans la politique.

L'assassinat du président Paul Doumer à l'hôtel Salomon de Rothschild, rue Berryer à Paris (7 mai 1932).
Quelques minutes après l'attentat, le chef de l'Etat est transporté dans son automobile vers l'hôpital Beaujon.
L'Illustration, 14 mai 1932.

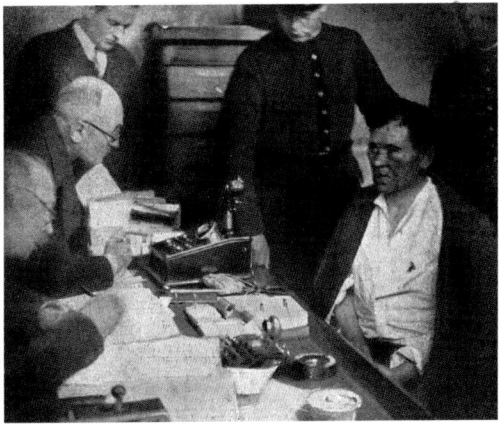

Le premier interrogatoire de Gorguloff au commissariat de police.
Paul Gorguloff, docteur en médecine de nationalité russe, est né en 1895 à Labinskaia (Kouban). Il est guillotiné à Paris le 14 septembre 1932.
L'Illustration, 14 mai 1932.

En 1887 il est nommé chef de cabinet du président du Conseil Charles Floquet, et l'année suivante est élu député radical de Laon, puis en 1891 d'Auxerre.

Après un passage au ministère des Finances (1895-1896), Doumer est gouverneur général de l'Indochine, où, véritable proconsul (1896-1902), il organise l'administration et fait construire le chemin de fer Transindochinois – il reste, à Hanoi, un pont métallique qui portera longtemps son nom. À son retour en France, il est élu député de Laon (1902), puis nommé président de la commission des Finances de la Chambre des députés (1904) avant d'accéder au perchoir (1905). Le 18 janvier 1906, il échoue contre Fallières à l'élection présidentielle.

Sénateur de la Corse en 1912, il devient en 1914 directeur du cabinet civil de Gallieni, gouverneur militaire de Paris. Homme respecté (il a perdu ses quatre fils à la guerre), Doumer est ministre des Finances d'Aristide Briand en 1921-1922 puis en 1925-1926, avant d'être élu président du Sénat en 1927. Le 13 mai 1931, il est élu président de la République par 442 voix contre 401 à Briand. Un mandat qu'écourte son assassinat, le 6 mai 1932, par un émigré russe, Gorguloff, alors qu'il inaugurait, entre les deux tours des élections législatives, la vente annuelle de l'Association des écrivains anciens combattants.

Quand la vie parlementaire se modernise : à la rentrée de la Chambre, les députés voteront désormais à l'aide de la machine inventée par Langlois.
Le Miroir du monde, 11 juillet 1931.

10 mai 1932 : Albert Lebrun succède à Paul Doumer.
Carte postale.

Naissance de nouveaux partis d'extrême droite.
Le colonel de La Rocque (à gauche) transforme les Croix de Feu en Parti social français. Jacques Doriot (à droite), exclu du Parti communiste, crée le Parti populaire français.
Le Pèlerin, 26 juillet 1936.

Albert LEBRUN
10 mai 1932 – 11 juillet 1940

Comme Raymond Poincaré, Albert Lebrun est un Lorrain, né le 29 août 1871 à Mercy-le-Haut, près de Briey, à proximité de la frontière allemande. Sorti major de Polytechnique puis de l'École des Mines de Nancy, il est à 29 ans le plus jeune député de France, et se passionne pour les questions coloniales, dont il devient l'un des grands spécialistes : il occupe d'ailleurs le portefeuille des Colonies de 1911 à 1914 (avec un court intermède au ministère de la Guerre en 1913) et joue un rôle important dans la négociation qui suit la crise d'Agadir en 1911. Au début de la guerre, il est commandant d'artillerie à Verdun, puis est nommé ministre du Blocus dans le cabinet de Clemenceau. Il est élu sénateur en 1919. Représentant de la France à la SDN, président de la Caisse d'amortissement de 1926 à 1931, il participe avec Poincaré au redressement du franc.

En 1931, Albert Lebrun accède à la présidence du Sénat. À la mort de Doumer, il préside le Congrès de Versailles, qui l'élit à la tête de l'État le 10 mai 1932. Son septennat, caractérisé par une forte instabilité ministérielle (Lebrun nommera vingt présidents du Conseil), est celui de tous les dangers : dans un contexte de dépression économique, l'affaire

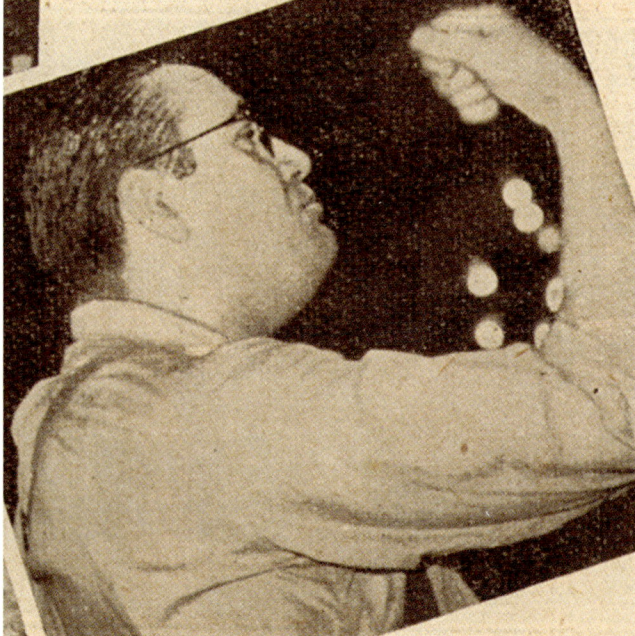

Le 6 février 1934. Les drapeaux de l'Union nationale des Combattants passant devant une barricade. *L'Illustration*, 17 février 1934.

La une de l'*Action Française* au lendemain des émeutes du 6 février 1934 : la République en accusation.

La une du *Populaire*, journal de la SFIO : les ligues d'extrême droite accusées d'avoir voulu faire un coup d'État fasciste.

Stavisky, révélée en décembre 1933, éclabousse à nouveau la République et les hommes politiques, tandis que les ligues d'extrême droite (l'Action française, les Camelots du Roi, les Francistes, Solidarité française, les Croix de Feu) mènent une agitation antiparlementaire, voire antirépublicaine, qui provoque le drame du 6 février 1934, où, sur la place et le pont de la Concorde, l'affrontement entre les manifestants et le service d'ordre fait une quinzaine de morts (Albert Lebrun aurait pleuré en apprenant la nouvelle… ce qui lui vaudra le cruel sobriquet de « sot pleureur » et une certaine réputation de faiblesse). Tentative de coup d'État fasciste, comme l'affirme alors la gauche ? Non, aux yeux des historiens, mais

LA TROISIÈME RÉPUBLIQUE (1870-1940)   73

En réaction à la journée du 6 février 1934, les partis de gauche décident de s'unir contre le danger fasciste.
Le 12 février a lieu une manifestation commune entre la SFIO de Léon Blum et le Parti communiste de Maurice Thorez, bientôt rejoints par le Parti radical de Daladier. Le Front populaire naît officiellement le 14 juillet 1935, et gagne les élections législatives du 3 mai 1936. Léon Blum est nommé président du Conseil par le président Lebrun.
L'Illustration, 13 juin 1936.

le révélateur violent d'une crise profonde du régime parlementaire et des institutions. Le 6 février provoque bien le sursaut des forces de gauche : le parti communiste de Maurice Thorez, la SFIO de Léon Blum et le parti radical de Daladier constituent en vue des élections du printemps 1936 une alliance de Front populaire sur le thème « le pain, la paix, la liberté ».

La victoire de la gauche amène Albert Lebrun, résigné, à nommer Léon Blum président du Conseil. C'est la période des grèves sur le tas, des accords Matignon (7 juin

Les grèves de 1936.
La formation du gouvernement Léon Blum coïncide avec les grèves sur le tas, grèves souvent spontanées avec occupation du lieu de travail, et qui se déroulent dans une atmosphère de kermesse : des bals sont donnés dans les usines ou les grands magasins, des compagnies de théâtres jouent des pièces. On compte 12 000 grèves, dont 9 000 avec occupation, entraînant environ 2 millions de grévistes. *L'Illustration*, 1936.

Les accords de Matignon (7 juin 1936).
Afin de trouver une issue aux grèves, Léon Blum réunit les représentants du patronat et des syndicats à l'Hôtel Matignon. Les accords renforcent le droit syndical et augmentent les salaires de 7 à 15 %.
L'Illustration, 13 juin 1936.

1936) et des grandes mesures sociales : semaine de 40 heures, quinze jours de congés payés, fortes hausses de salaires, reconnaissance du droit syndical, conventions collectives, délégués du personnel : une « embellie sociale » symbolisée par les premiers départs en vacances et l'accordéon dans les cours d'usine. Mais elle ne peut faire oublier les difficultés économiques, les drames politiques (comme le suicide du ministre de l'Intérieur Roger Salengro en novembre 1936 et la fusillade de Clichy, qui le 16 mars 1937 fait

Les obsèques de Roger Salengro à Lille.
L'Illustration, 28 novembre 1936.

Accusé injustement par un journal d'extrême droite d'avoir déserté pendant la guerre, et ne supportant plus les insultes et les quolibets à son égard, le ministre de l'Intérieur et maire de Lille Roger Salengro se suicide le 17 novembre 1936.
L'Illustration, 28 novembre 1936.

La guerre civile espagnole éclate en juillet 1936.
La France doit-elle aider les républicains contre Franco ? Une des causes de l'échec du Front populaire.
Détective, 30 juillet 1936.

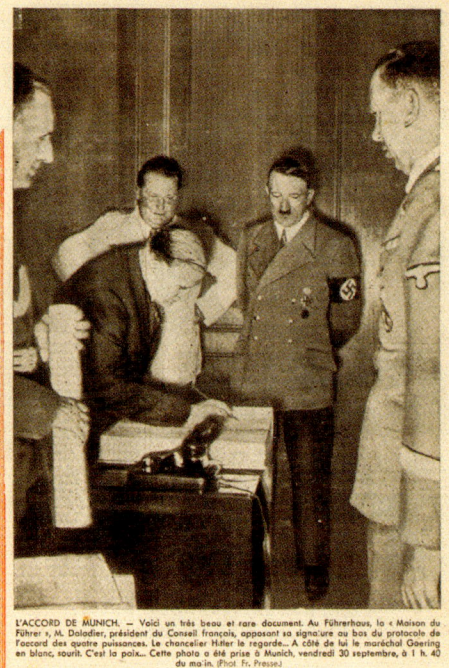

L'ACCORD DE MUNICH. — Voici un très beau et rare document. Au Führerhaus, la « Maison du Führer », M. Daladier, président du Conseil français, apposant sa signature au bas du protocole de l'accord des quatre puissances. Le chancelier Hitler le regarde... A côté de lui le maréchal Goering en blanc, sourit. C'est la paix... Cette photo a été prise à Munich, vendredi 30 septembre, à 1 h. 40 du matin. (Phot. Fr. Presse.)

Les accords de Munich (30 septembre 1938).
Après avoir laissé faire la remilitarisation de la Rhénanie (1936) et l'Anschluss de l'Autriche (mars 1938), la France et l'Angleterre abandonnent les Sudètes de Tchécoslovaquie aux appétits d'Hitler. Daladier, président du Conseil, signe l'accord sous les yeux ravis d'Hitler et de Goering. Montherlant écrira après Munich, stigmatisant la lâcheté du gouvernement :
« La France est rendue à la belote et à Tino Rossi. »
Le Pèlerin, 9 octobre 1938.

cinq morts), les divisions à propos de la guerre d'Espagne, et surtout le bruit des bottes nazies et la montée des menaces extérieures. La guerre approche, et si l'accord de Munich (30 septembre 1938) donne un sursis à la paix grâce à la honteuse reculade de la France et de l'Angleterre face aux exigences hitlériennes sur la Tchécoslovaquie, elle apparaît inévitable.

Le 1er septembre 1939, Hitler envahit la Pologne. Le 3, Londres et Paris déclarent la guerre à l'Allemagne. Après l'automne et l'hiver de la « drôle de guerre » sur la ligne Maginot, c'est l'attaque allemande foudroyante du 10 mai 1940, la débâcle militaire et le tragique exode des civils. Succédant à Paul Reynaud le 17 juin, le maréchal Pétain demande l'armistice, tandis que le lendemain,

Scène bucolique de la « drôle de guerre ».
Près de la ligne Maginot, les soldats désœuvrés et les tanks anglais prêtent leur concours aux paysans.
Le Pèlerin, 7 avril 1940.

à Londres, le général de Gaulle lance un appel à la résistance. L'armistice est signé le 22. Le 10 juillet, à Vichy, avec la complicité de Pierre Laval, Pétain obtient les pleins pouvoirs des deux Chambres pour préparer une nouvelle Constitution, vote qui signe la mort de la IIIe République et ouvre la voie à l'État Français : le régime de Vichy est né.

Albert Lebrun, qui avait été réélu pour un second mandat en avril 1939 malgré ses réticences à se représenter, refuse de démissionner et se voit écarté de sa fonction de chef de l'État. Il se retire chez son gendre à Vizille. Placé en résidence surveillée par les Italiens, il est enlevé par les Allemands en août 1943 et amené dans un château du Tyrol, où il retrouve Reynaud, Daladier et Weygand, puis, malade, est renvoyé à Vizille. Reçu au mois d'octobre 1944 par de Gaulle, témoin au procès de Pétain, il aurait souhaité que le pouvoir lui soit rendu (son mandat finissait le 5 avril 1946) afin de pouvoir le remettre au nouvel homme fort de la France, mais en vain. Il meurt à Paris le 6 mars 1950.

Les réfugiés de 1940. Remorqué par un tracteur, un convoi de voitures transportant 120 réfugiés traverse Ecueillé (Indre). *L'Illustration*, 17 août 1940.

1870 - 1940 : la « Troisième » a duré sept décennies. Elle a donné à la France, après quelques années indécises, ses premières véritables institutions et ses grandes lois républicaines Elle a su impulser et accompagner les grandes mutations qui ont fait passer la France dans la modernité du XXe siècle : que ce soit dans les domaines politique, économique, social ou culturel, la France de 1939 n'a plus rien de commun avec la France de 1870.

Pétain reçoit les pleins pouvoirs (10 juillet 1940). Le vote des parlementaires dans la salle de théâtre du casino de Vichy met fin à la IIIe République et crée l'État Français. *L'Illustration*, 17 août 1940.

La Quatrième République (1946-1958)

La République mal aimée

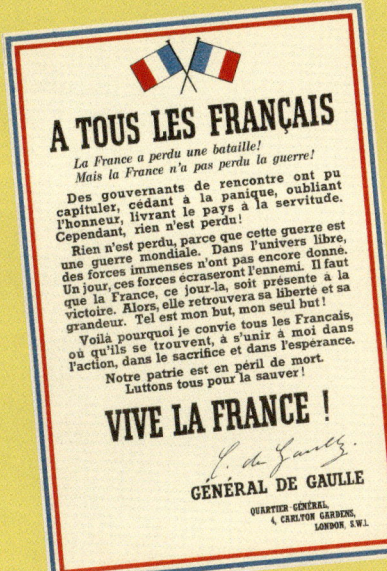

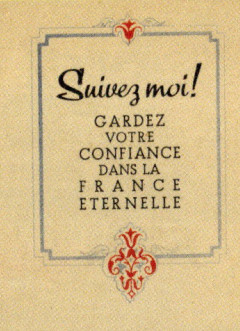

Page de gauche :
De Gaulle descend les Champs-Elysées dans Paris libéré (26 août 1944).
La veille, il a prononcé ces mots immortels : « Paris ! Paris brisé ! Paris martyrisé ! Mais Paris libéré ! »

Le maréchal Pétain s'adresse aux Français.
Carte postale.

L'appel du 18 juin.
Depuis la BBC, à Londres, le général de Gaulle invite les Français à se rallier à lui : la Résistance est née.

La IVe République naît officiellement le 27 octobre 1946, jour de la promulgation de sa Constitution. Elle cédera la place à la Ve République à l'automne 1958, avec l'entrée en vigueur de la Constitution actuelle. Douze ans d'existence, une durée qui fait pâle figure entre les sept décennies de la IIIe et le demi-siècle écoulé depuis 1958. Simple parenthèse, courte transition ? Non, car en raison de la densité historique de ces années d'après-guerre marquées par la reconstruction du pays, la guerre froide, la décolonisation, les débuts de la construction européenne et la modernisation économique liée aux Trente Glorieuses, la IVe République aura représenté dans notre histoire contemporaine une étape essentielle vers la société française d'aujourd'hui.

Pourtant, la « Quatrième » n'a pas laissé le meilleur souvenir dans la mémoire des Français, qui ont davantage retenu ses faiblesses et ses échecs que ses réussites. Une République mal aimée, voire décriée, devenue le symbole de l'instabilité politique et de l'impuissance du pouvoir exécutif face à l'hégémonie des partis et à ce que le général de Gaulle appelle leur « jeu stérile ».

Sa naissance est laborieuse, et s'étend sur les deux années séparant la libération de Paris (août 1944) de l'adoption de la Constitution de 1946. Pour le général de Gaulle, elle n'avait jamais cessé d'exister (le 25 août 1944, pressé par

De Gaulle et Giraud à Alger (1943).
Après l'arrivée du général de Gaulle à Alger le 30 mai 1943, les deux hommes coprésident le Comité Français de Libération Nationale. Le 9 novembre, Giraud est évincé.
Jour de France, 16 juin 1955.

Georges Bidault (1899-1983).
Successeur de Jean Moulin à la présidence du Conseil National de la Résistance, il est l'un des fondateurs du MRP

Bidault, il refuse de la proclamer), car le vote du 10 juillet 1940 est pour lui nul et non avenu, et l'État Français est un régime illégitime. Il crée le 3 juin 1943, à Alger, le Comité français de libération nationale, embryon de pouvoir exécutif, tandis que le 17 septembre est instituée une Assemblée consultative. Le 3 juin 1944, le CFLN devient le Gouvernement provisoire de la République française (GPRF), transféré à Paris quelques jours après la libération de la capitale. Le 9 septembre, de Gaulle, qui maîtrise l'appareil d'État et jouit d'un immense prestige qui renforce son autorité, forme un nouveau gouvernement, dit « d'unanimité nationale », allant des communistes aux démocrates chrétiens du MRP, dans lequel figurent des vétérans de la politique comme Jules Jeanneney, dernier président du Sénat en 1940, et des hommes nouveaux comme Georges Bidault, président du Conseil National de la Résistance après la mort de Jean Moulin. Le 7 novembre, l'Assemblée consultative tient sa première séance à Paris au palais du Luxembourg. Un exécutif, un législatif : au-delà de la remise en ordre du pays, des procès de Pétain (juillet-août 1945) et de Laval (fusillé le 15 octobre) et du règlement des problèmes liés à la Libération, la France peut songer à ses institutions futures.

Le souci du gouvernement provisoire n'est pas uniquement institutionnel. L'action du GPRF est importante en matière économique et sociale, avec notamment la création de la Sécurité sociale (octobre 1945), les nationalisations (Charbonnages de France, EDF-GDF, Air France, la Banque de France, les compagnies d'assurance, les usines Renault), et la mise en place d'une politique de planification par Jean Monnet en janvier 1946.

La vie politique, dominée par la personnalité du général de Gaulle, repose sur trois grands partis : à gauche le Parti communiste et la SFIO (qui représentent plus de la moitié de l'électorat), et au centre le Mouvement républicain populaire (MRP), né de la Résistance pour réconcilier la démocratie, le progrès social et le christianisme, et qui bénéficie du soutien de l'électorat modéré. Disqualifiée par Vichy, la droite traditionnelle est hors course, et le Parti radical paie le naufrage de 1940.

Le 21 octobre 1945, consultés par référendum à travers deux questions, les Français (les femmes ont le droit de vote depuis l'ordonnance du 5 octobre 1944) rejettent les institutions de la IIIe République et limitent les pouvoirs de l'Assemblée constituante élue le même jour (de Gaulle et les principaux partis avaient appelé à répondre *oui - oui* aux deux questions). Le projet de Constitution élaboré par l'assemblée institue un pouvoir législatif monocaméral tout-puissant, à l'opposé du souhait du général de Gaulle de donner au pays un exécutif fort. Le 20 janvier 1946, de Gaulle démissionne, laissant les partis face à leurs responsabilités : c'est le début du tripartisme, qui va marquer les deux premières années de la IVe République. Le projet constitutionnel est rejeté par les Français lors du référendum du 5 mai 1946. Le 2 juin, une nouvelle constituante est élue, qui prépare un second projet constitutionnel. Malgré sa condamnation par de Gaulle (le discours de Bayeux, le 16 juin 1946, annonce déjà les futures institutions de la Ve République), la Constitution est adoptée par les Français, davantage par lassitude que par conviction.

La Constitution de 1946 rétablit un régime d'assemblée avec deux chambres : le Conseil de la République, simple assemblée consultative de 315 membres élue au pour six ans au suffrage universel indirect (ses prérogatives en referont peu à peu l'équivalent du Sénat), et l'Assemblée nationale. Élue à la proportionnelle pour cinq ans, celle-ci est dotée de nombreuses prérogatives : elle a l'initiative des lois et les vote, investit le président du Conseil et contrôle le gouvernement, qu'elle peut renverser à tout moment en lui refusant la confiance ou par une motion de censure. Le gouvernement a à sa tête le président du Conseil, nommé par le président de la

Le droit de vote féminin (1945).
Les femmes votent pour la première fois aux élections municipales des 29 avril et 13 mai 1945... le vœu de Condorcet en 1790 est enfin réalisé !
Regard, 1er mai 1945.

Référendum et élection de l'Assemblée constituante (21 octobre 1945).
Caricatures des candidats. *Debout,* 5 octobre 1945.

LA QUATRIÈME RÉPUBLIQUE (1946-1958)

Vincent Auriol en 1948 pendant une séance de caricature avec le caricaturiste d'origine tchèque Oscar Berger (1901-1997).

Vincent Auriol pendant la campagne pour les élections législatives du 10 novembre 1946 à Paris. Ces élections confirment la domination de la gauche et notamment du Parti communiste, qui arrive en tête (28,8 %).
France Illustration, 9 novembre 1946.

République : à la fois chef de l'exécutif et de sa majorité parlementaire (jamais vraiment assurée…), il est le véritable coordonnateur de l'action gouvernementale. Vingt-deux gouvernements se succéderont entre la fin de 1946 et la fin de 1958, avec à leur tête des hommes comme Henri Queuille, Robert Schuman, Georges Bidault, René Pleven, Edgar Faure, Antoine Pinay, Pierre Mendès France, Guy Mollet, Joseph Laniel, Félix Gaillard et Pierre Pflimlin. Ces gouvernements sont généralement de courte durée, le plus bref étant celui de Henri Queuille (2 jours en juillet 1950), le plus long celui de Guy Mollet (15 mois en 1956-1957).

Le président de la République, comme sous la IIIe, est élu pour sept ans par les deux assemblées réunies en Congrès à Versailles. Politiquement irresponsable, ses pouvoirs sont limités, hormis la promulgation des lois et la désignation du président du Conseil, dont d'ailleurs il n'est pas totalement maître en raison de la toute-puissance de l'Assemblée, qui pratique la double investiture (avant et après la formation du gouvernement). Il perd le droit de dissolution, dévolu au président du Conseil – un droit qui ne sera utilisé qu'une seule fois, par Edgar Faure, le 2 décembre 1955. L'intégralité des actes présidentiels doit être contresignée par le chef du gouvernement et les ministres concernés. Certes, il est en même temps le président de l'Union française, préside le Conseil des ministres mais sans y exercer vraiment une responsabilité réelle, ainsi que le Conseil supérieur de la magistrature et le Comité de la Défense nationale.

Deux hommes, Vincent Auriol et René Coty, exercent la magistrature suprême, le premier au cours d'un septennat complet (1947-1954), le second s'effaçant au bout de cinq ans devant le général de Gaulle. Quelle a été la carrière de ces deux hommes ? Comment sont-ils parvenus au faîte du pouvoir ? Comment ont-ils exercé la fonction présidentielle ?

Vincent AURIOL
16 janvier 1947 – 16 janvier 1954

Fils de boulanger, né le 27 août 1884 à Revel (Haute-Garonne), Vincent Auriol milite à la SFIO dès sa fondation en 1905, et crée en 1908 le journal *Le Midi socialiste*. En 1914, il est élu député de Muret, dont il devient maire en 1925. De 1924 à 1926, sous le Cartel des gauches, il préside la commission des Finances de la Chambre des députés. Le 4 juin 1936, au lendemain de la victoire du Front populaire, il est nommé ministre des Finances du gouvernement Léon Blum, et mène la dévaluation du franc. Il est ministre de la Justice dans le cabinet Chautemps (juin 1937-janvier 1938), puis ministre de la Coordination des services ministériels à la présidence du Conseil dans le second gouvernement Blum (11 mars-10 avril 1938).

Le 10 juillet 1940, Auriol est l'un des quatre-vingts parlementaires à refuser les pleins pouvoirs au maréchal Pétain. Arrêté par Vichy,

il est incarcéré à Pellevoisin (Indre) puis à Vals-les-Bains (Ardèche), avant d'être libéré pour raisons de santé et placé en résidence surveillée à Muret en août 1941. Entré dans la Résistance, il rejoint en octobre 1943 la France Libre à Londres, où de Gaulle fait souvent appel à ses conseils. Membre influent de l'Assemblée consultative d'Alger, il représente la France à la conférence monétaire de Bretton Woods (juillet 1944). Il est nommé ministre d'État sans portefeuille le 22 novembre 1945.

En janvier 1946, Vincent Auriol préside la délégation française à la première assemblée de l'ONU et du Conseil de sécurité à Londres, avant d'être élu président des deux assemblées constituantes. Le 3 décembre, il devient président de l'Assemblée nationale, détenant provisoirement les pouvoirs de chef de l'État. C'est donc en toute logique qu'il est élu président de la République le 16 janvier, dès le premier tour, avec 452 voix sur 883 votants. Il désigne aussitôt le socialiste Paul Ramadier pour former le gouvernement... dans lequel fait son entrée le jeune député de la Nièvre, François Mitterrand.

Fermeté et dignité caractérisent son septennat. Homme d'une grande autorité morale, il exerce sa fonction d'arbitre avec les maigres compétences que lui confère la Constitution ; il écrit, dans son *Journal d'un septennat* : « Présider, pour moi, c'est diriger sans décider, c'est orienter, c'est concilier... Mes conseils s'arrêtent au seuil de la décision. » Notons qu'il est le premier chef de l'État français à se rendre en visite officielle aux États-Unis et au Canada, au printemps 1951. Ayant quitté l'Élysée au début de 1954, il intervient encore dans la vie politique, se déclarant hostile au projet de Constitution de 1958 ; membre de droit du Conseil constitutionnel, il en démissionne en 1960, et en 1965 soutient la candidature de François Mitterrand à la présidence de la République. Il meurt à Paris le 1er janvier 1966.

Vincent Auriol inaugure le barrage de Génissiat, sur le Rhône (1948). Commencé avant la guerre et terminé en 1948, le barrage de Génissiat symbolise la reconstruction d'après-guerre : il est initialement conçu pour alimenter Paris en électricité. De type « masse » (qui retient les eaux par sa seule masse), il est le premier de la série de barrages français permettant d'exploiter l'énergie électrique et de réguler les crues du Rhône. Génissiat est alors la plus grande centrale hydro-électrique d'Europe. *L'Illustration*, 7 août 1948.

Vincent Auriol et les membres du gouvernement Ramadier. Parmi les ministres, Maurice Thorez, Georges Bidault, Félix Gouin, Robert Schuman et, en partie caché, François Mitterrand, ministre des Anciens Combattants et Victimes de guerre. *France Illustration*, 1er février 1947.

Vincent Auriol en visite officielle aux États-Unis (20 mars-10 avril 1951). Rapports États-Unis - France mai 1951.

**René Coty,
président de
la République.**

René Coty avec sa famille.
Son élection acquise,
le nouveau président
pose à Versailles
devant les photographes
(26 décembre 1954).

René COTY
16 janvier 1954 – 8 janvier 1959

Le 16 janvier 1954, René Coty est investi président de la République. Pour beaucoup de Français, il est encore un inconnu. Né le 20 mars 1882 au Havre, avocat spécialisé en droit maritime et commercial, il est élu député en 1923, et connaît en 1930 sa première et brève (dix jours) expérience ministérielle comme sous-secrétaire d'État à l'Intérieur. Élu sénateur en 1936, il vote les pleins pouvoirs à Pétain le 10 juillet 1940. Il est député aux deux assemblées constituantes puis à la Chambre des députés en 1945-1946, et fait partie des gouvernements Schuman et Marie de novembre 1947 à septembre 1948, comme ministre de la Reconstruction et de l'Urbanisme. Élu au Conseil de la République en novembre 1948, il en devient le vice-président.

Le 17 décembre 1953, le Congrès se réunit à Versailles pour désigner le successeur de Vincent Auriol. Huit candidats sont en lice, parmi lesquels le président du Conseil Joseph Laniel, le communiste Marcel Cachin et le MRP Georges Bidault. Il faut sept jours de marchandages entre les candidats et les partis, et la renonciation au dixième tour du favori, Joseph Laniel, pour que la dizaine de voix obtenues par René Coty enfle jusqu'au treizième tour : le 23, il est élu avec 477 voix.

Alors que Vincent Auriol savait utiliser au mieux le peu de pouvoirs que lui donnait la Constitution, René Coty se montre plus réservé, ne sortant de son rôle d'arbitre qu'en cas de situation exceptionnelle. Son souci est de maintenir la cohésion du pouvoir exécutif, en intervenant toujours dans le sens de la modération, et en rappelant quand il le faut les règles constitutionnelles. La fréquence des crises ministérielles, qu'il tente toujours de retarder, lui fait prendre conscience de la faiblesse du régime : sans doute est-ce cette certitude qui le pousse, au mois de mai 1958, à favoriser le retour au pouvoir du général de Gaulle, menaçant même de démissionner si la Chambre des députés refusait cette solution de la dernière chance.

Il est difficile de parler de René Coty sans évoquer son épouse, Germaine Coty, devenue rapidement très populaire auprès des Français par sa gentillesse et sa simplicité, comme le sera quelques années plus tard Yvonne de Gaulle. Lorsqu'elle meurt, le 12 novembre 1955, l'Élysée est submergé de télégrammes de condoléances provenant du monde entier, car jamais femme de président n'avait encore suscité un tel attachement.

Le 8 janvier 1959, lors de la cérémonie d'investiture du général de Gaulle, qui vient d'être élu président de la République, René Coty l'accueille à l'Élysée par cette phrase demeurée célèbre : « Le premier des Français est désormais le premier en France. » La transition assurée, l'ancien chef de l'État mène désormais une vie discrète, assistant néanmoins aux séances du Conseil constitutionnel dont il est membre de droit. Son admiration pour de Gaulle ne l'empêche pas de s'opposer au référendum du 28 octobre 1962 sur l'élection du président de la République au suffrage universel. Il meurt quelques jours plus tard, le 22 novembre.

L'Histoire et les Français ont gardé du fonctionnement de la Quatrième une image très négative, en raison des faiblesses structurelles du régime et des turbulences de la vie politique. « Régime des partis », « valse des ministères », « immobilisme », « impuissance », sont les termes le plus souvent utilisés pour illustrer l'instabilité du régime. La démission du général de Gaulle, le 20 janvier 1946, a laissé le pouvoir à la fragile coalition tripartite du Parti communiste, de la SFIO et du MRP, avec les gouvernements Félix Gouin, Georges Bidault, Léon Blum et Paul Ramadier. Le compromis ne résiste pas aux tensions du printemps 1947, liées aux débuts de la guerre froide et aux difficultés

Paul Ramadier (1888-1961).
Ministre du Ravitaillement de novembre 1944 à mai 1945, il s'était vu surnommer « Ramadan » ou « Ramadiète », bien qu'il donne l'exemple en travaillant dans un bureau non chauffé.
Les Cahiers de l'Histoire, août 1965.

Maurice Thorez (1900-1964).
Figure emblématique du Parti communiste français, dont il est le secrétaire général de 1930 à sa mort. Il est ministre d'État du gouvernement du général de Gaulle, puis vice-président des gouvernements Gouin, Bidault et Ramadier.

Léon Blum (1872-1950).
Le chef de la SFIO dirige le dernier gouvernement provisoire avant l'instauration de la IVe République, de décembre 1946 à janvier 1947. Il se retire ensuite à Jouy-en-Josas, où il meurt le 30 mars 1950.
Les Cahiers de l'Histoire, août 1965.

Le gouvernement Félix Gouin.
Après la démission du général de Gaulle, Félix Gouin (1) forme un gouvernement tripartite de 21 ministres, parmi lesquels Paul Ramadier (2), Maurice Thorez (3), Jules Moch (4), Georges Bidault (8) et Edmond Michelet (15).

Maurice Thorez quitte l'Elysée à la suite de la « démission » des ministres communistes.
Les députés du PCF ayant refusé de voter la confiance au gouvernement Ramadier, celui-ci, après avoir consulté Vincent Auriol, démet de leurs fonctions les ministres communistes. *France Illustration*, 17 mai 1947.

Les grèves de l'automne 1947.
Grève des transports publics à Paris. Autocars et camions sont réquisitionnés pour transporter Parisiens et banlieusards à leur travail. *France Illustration*, 25 octobre 1947.

économiques et sociales : les ministres communistes, accusés par leur refus du plan Marshall d'être aux ordres de Moscou, et de ne pas être solidaires du gouvernement en matière salariale, sont démis de leurs fonctions le 5 mai. C'est l'époque des grandes grèves de l'après-guerre (1947-1948), qui

Les grèves de 1948 dans le bassin houiller du Nord - Pas-de-Calais.
Le mouvement avait pris une allure quasiment révolutionnaire. Jules Moch, ministre de l'Intérieur, mobilise 60 000 CRS et soldats contre 15 000 grévistes occupant les puits. Le 29 novembre, la CGT ordonne la reprise du travail.
Image du monde, 4 novembre 1948.

parfois prennent un caractère insurrectionnel, comme dans les mines de charbon du Nord - Pas-de-Calais. En fait, le 5 mai 1947 condamne déjà, à terme, la IVe République.

La vie politique est dès lors dominée par des gouvernements dits de « la troisième force », dont les deux piliers sont le MRP et la SFIO. Ces gouvernements ont face à eux la double opposition du parti communiste (un quart des électeurs), et du Rassemblement du peuple français (RPF), fondé par le général de Gaulle à Strasbourg le 7 avril 1947, et dont il veut faire un tremplin pour son retour au pouvoir. Le succès du RPF est immédiat (40 % des voix aux municipales de l'automne 1947), et de Gaulle peut croire son heure arrivée ; l'espoir est cependant de courte durée : l'euphorie passée, le déclin, la lassitude et la compromission d'un certain

Pour financer la grève, les membres de la CGT organisent des quêtes.

nombre d'élus avec le « système » décident de Gaulle, en mai 1953, à rendre leur liberté à ses derniers fidèles : pour lui, la traversée du désert durera encore cinq ans.

De Gaulle et le R.P.F.
Annoncée le 7 avril 1947 à Strasbourg, la naissance du RPF a lieu le 14. Son succès est immédiat : au 1er mai, les adhésions dépassent déjà les 800 000.
France Illustration, 24 avril 1948.

LA QUATRIÈME RÉPUBLIQUE (1946-1958) 87

Le nouveau président du Conseil, André Marie, seul au banc des ministres, attend le résultat du vote d'investiture de la Chambre des députés.
Appelé par Vincent Auriol pour remplacer Robert Schuman, le 27 juillet 1948, il est obligé de démissionner le 27 août suivant. Ce sera le plus court gouvernement de la IVe République, qu'on appellera ironiquement « le mois de Marie ». *France Illustration*, 31 juillet 1948.

L'année 1952 est « l'année Pinay ». Président du Conseil du 8 mars 1952 au 8 janvier 1953, ce petit entrepreneur de Saint-Chamond issu de la droite modérée, inconnu du public, parvient à stabiliser le franc et à stopper l'inflation, tout en offrant aux épargnants un emprunt indexé sur l'or et exempt de droits de succession ; l'expérience Pinay, qui ramène la confiance, est une bouffée d'oxygène pour le régime : pour la première fois depuis 1946, les Français ont le sentiment d'être dirigés. Mais les partis ne laissent aucune chance à Pinay, qui démissionne au début de 1953. Sa chute est suivie d'un éphémère gouvernement René Mayer. Après son départ, la vacance du pouvoir s'éternise durant plus d'un mois, avant la formation d'un cabinet dirigé par Joseph Laniel.

Alors que le recours à de Gaulle s'éloigne, un phénomène nouveau apparaît en 1953 : le poujadisme, mouvement politique et syndical

Les années 1947-1951 vouent déjà la IVe République à l'impuissance, malgré l'appui apporté par les radicaux et les modérés à la coalition dominante, du moins jusqu'aux élections de 1951. La valse des gouvernements suscite les critiques de la presse et les sarcasmes des chansonniers : se succèdent des cabinets à direction radicale, avec Henri Queuille et André Marie, à dominante MRP (Schuman et Bidault), ou encore avec René Pleven. Le régime laisse une impression d'équilibre instable et semble jouer un jeu d'autant plus dangereux que les partis de la troisième force s'épuisent et perdent une partie de leur clientèle.

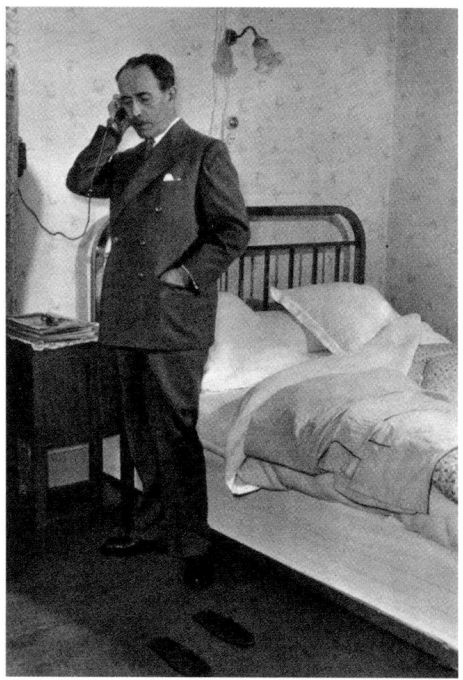

Antoine Pinay (1891-1994) dans sa chambre d'hôtel à Aix-les-Bains, où il est en cure.
L'une des figures les plus populaires de la IVe République.

Le défilé du 14 juillet 1952 à Paris.
Les avions *Mistral* et *Mystère* survolent la capitale, sous les regards d'Antoine Pinay et des personnalités.

Pierre Mendès France (1907-1982).
Après une première tentative infructueuse pour former un gouvernement en 1953, il est finalement investi président du Conseil avec une forte majorité le 18 juin 1954, quelques semaines après la défaite de Diên Biên Phu, pour faire la paix en Indochine. Il ne dirigera le gouvernement que pendant sept mois et demi, mais son passage aux affaires sera l'un des temps forts de l'histoire institutionnelle de la IVe République.
Les Cahiers de l'Histoire, août 1965.

né de la révolte et du mécontentement des artisans et commerçants contre la fiscalité, lancé par Pierre Poujade, papetier de Saint-Céré (Lot). Le poujadisme prend l'allure d'un mouvement « populiste » et antiparlementaire aux méthodes parfois musclées, qui parvient à envoyer cinquante-deux députés à la Chambre aux élections de janvier 1956 (dont Jean-Marie Le Pen), mais qui disparaît aussi vite qu'il est apparu.

Deux ans après l'expérience Pinay, la personnalité, la méthode et l'action de Pierre Mendès France suscitent un intérêt passionné. Parlementaire chevronné, membre du parti radical, figure de la France Libre, « Mendès » a été sous-secrétaire d'État au Trésor dans le second gouvernement Léon Blum (1938), puis ministre de l'Économie du gouvernement provisoire en 1944. Pressenti par Vincent Auriol, il est investi par l'Assemblée le 18 juin 1954, et forme un ministère dans lequel François Mitterrand est ministre de l'Intérieur, lui-même se réservant les Affaires étrangères. Pour lui, l'action gouvernementale se conçoit dans un contrat avec la nation. Soutenu par une

Le poujadisme.
Pierre Poujade (à droite) défie Edgar Faure (alors président du Conseil) aux élections cantonales d'avril 1955 dans le canton de Villers-Farlay (Jura). Sur la partie gauche, Edgar Faure dépouillant le scrutin… qui lui donnera 85 % des voix.

Les dernières heures de Diên Biên Phu.
La cuvette de Diên Biên Phu fut le théâtre d'une violente bataille entre le corps expéditionnaire français, dont beaucoup de soldats de la Légion étrangère, sous le commandement du colonel de Castries (nommé général durant la bataille) et le corps de bataille du Viêt-minh sous les ordres du général Giap. Encerclée, la position française tombe le 7 mai 1954. Les accords de Genève, signés en juillet, instaurent une partition du pays le long du 17ᵉ parallèle et mettent un terme à la présence française en Indochine. *Semaine du monde*, 14 mai 1954.

partie de la presse (notamment *L'Express*, fondé en 1953 par Françoise Giroud et Jean-Jacques Servan-Schreiber), Mendès France inaugure une nouvelle forme de dialogue avec les Français ; il leur parle, simplement, tous les samedis soir sur les ondes de la radio. Il parvient à signer à Genève les accords sur la fin de la guerre d'Indochine en juillet 1954, deux mois après la chute de Diên Biên Phu. Dans la foulée, il tente de résoudre la crise qui se fait jour en Afrique du Nord et proclame l'autonomie interne de la Tunisie. En revanche, dans le cadre de la construction européenne, il se heurte à l'opposition des gaullistes et des communistes et ne parvient pas à faire adopter le projet de Communauté européenne de défense (CED). Si le « mendésisme », par sa rigueur et son efficacité, séduit les cadres, les jeunes et les femmes, il se fait de nombreux adversaires au Parlement, jugé trop « atlantiste » par les communistes, insuffisamment « européen » par le MRP, mais aussi dans certains groupes de pression comme les milieux viticoles et les bouilleurs de cru dont, par souci de lutter contre l'alcoolisme, il supprime le privilège, aujourd'hui en voie d'extinction (il lance la mode du lait, dont on fait des distributions dans les écoles, et dans les cafés on commande parfois un « mendès » !).

Guy Mollet (1905-1975) à la télévision française.
Président du Conseil du 1ᵉʳ février 1956 au 21 mai 1957 (le plus long gouvernement de la IVᵉ République), Guy Mollet fait passer la vie politique de la radio à la télévision. C'est sous son ministère qu'est instituée la troisième semaine de congés payés.
Jour de France, 11 mai 1957.

Un dîner-débat organisé par l'Amicale parlementaire agricole sur le thème « La nécessité et les conditions d'un redressement de l'agriculture française », sous la présidence d'Edgar Faure (4e à partir de la gauche). *Jour de France*, 13 juillet 1957.

C'est sous le gouvernement de Mendès France qu'éclate par une série d'attentats, le 1er novembre 1954 (la « Toussaint rouge »), l'insurrection qui allait aboutir à la guerre d'Algérie. Mendès France insiste devant la Chambre sur la nécessité de maintenir l'union entre la France et l'Algérie, où des renforts sont aussitôt envoyés en vue du maintien de l'ordre. Les mesures prises n'évitent pas la crise : le 6 février 1955, à la suite d'un débat sur l'Afrique du Nord, le gouvernement est renversé ; contrairement à la tradition, Mendès France remonte à la tribune, et déclare, sous les huées : « Les hommes passent, les nécessités nationales demeurent. » Avec la chute de Mendès, qui aura au moins eu le temps de faire voter une révision constitutionnelle renforçant les prérogatives du Conseil de la République (30 novembre 1954), la IVe République a laissé passer sa chance de renouveau. Durant les dernières années du régime (1955-1958), le fossé se creuse entre les hommes politiques, qui s'enferment dans une pratique parlementaire stérile, et une opinion de plus en plus lasse et déçue de l'échec des gouvernements successifs : Edgar Faure en 1955, Guy Mollet en 1956 (à la tête d'un cabinet dit de « Front républicain » avec Mendès France et François Mitterrand), Bourgès-Maunoury en 1957. Ces gouvernements sont de plus en plus impuissants et dépassés par les événements, notamment par le développement de

François Mitterrand, ministre de la Justice, lors d'un dîner-débat organisé par le Centre d'études et de recherches en économie rurale.
Jour de France, 11 mai 1957.

LA QUATRIÈME RÉPUBLIQUE (1946-1958) 91

La guerre d'Algérie : le 26 mai 1956, les troupes françaises arrêtent 4480 suspects dans la Casbah.

la guerre en Algérie, où les Européens (les pieds-noirs) et une partie des militaires accusent le régime de vouloir abandonner le pays – l'explosion de colère qui accueille Guy Mollet à Alger le 6 février 1956 révèle la profondeur de la crise. Le seul véritable succès de l'époque est la signature, le 25 mars 1957, du traité de Rome instituant la Communauté économique européenne, ou Europe des Six :

La visite de Guy Mollet à Alger (6 février 1956).
C'est aux cris de « Mollet démission » que le président du Conseil est conspué par les manifestants.

Jacques Chaban-Delmas (1915-2000), ministre de la Défense et des Forces armées du gouvernement Félix Gaillard, décorant des soldats français à Laghouat, en Algérie.
Jour de France, 4 janvier 1958.

c'est l'aboutissement, quelques années après la création de la Communauté européenne du charbon et de l'acier (CECA), de la volonté de Robert Schuman de mettre sur rail la construction de l'Europe.

La crise finale intervient au mois de mai 1958. Le 13, alors que Pierre Pflimlin, dans son discours d'investiture, vient d'évoquer le principe d'une négociation avec le FLN, la population européenne d'Alger se soulève et

Pierre Pflimlin (1907 2000) est l'avant-dernier président du Conseil de la IVe République.
Les Cahiers de l'Histoire, août 1965.

Robert Schuman et le chancelier d'Allemagne fédérale Konrad Adenauer.
Robert Schuman (1886-1963) a été entre 1946 et 1952 ministre des Finances, ministre des Affaires étrangères, et président du Conseil à deux reprises. Par sa célèbre déclaration du 9 mai 1950, qui aboutit à la création de la C.E.C.A., il est l'un des pères de l'Europe. Les Cahiers de l'Histoire, août 1965.

Le 13 mai 1958.
Les principaux protagonistes au balcon du Gouvernement général à Alger : les généraux Massu, Salan et Jouhaud (de gauche à droite), et le docteur Chérif Sid Cara. Le Comité de Salut public est présidé par Massu, avec comme vice-président Sid Cara.

Le 4 juin 1958, le général de Gaulle accueilli à Alger par Salan (à gauche) et Massu (à droite).

s'empare des bâtiments du gouvernement général. Un Comité de salut public est constitué, avec à sa tête le général Massu. Le 15, le général Salan, commandant en chef de l'armée française en Algérie, lance, du balcon du « GG », le fameux «Vive de Gaulle », que lui a soufflé le gaulliste Léon Delbecque, repris et amplifié aussitôt par la foule. Le soir même, de Gaulle se dit prêt, devant « la dégradation de l'État », à « assumer les pouvoirs de la République ». Le 19, dans un Paris redoutant l'imminence d'un putsch militaire, il tient une conférence de presse dans laquelle il dénonce le « système des partis » tout en rassurant quant à sa volonté de respecter la légalité républicaine.

Les choses vont désormais aller vite. Le 27, de Gaulle déclare avoir entamé la veille « le processus régulier nécessaire à l'établissement d'un gouvernement républicain », ce qui provoque la colère et la démission de Pflimlin le lendemain, alors qu'une grande manifestation de la gauche et des syndicats rassemble les opposants à de Gaulle. Le 29, René Coty annonce son intention de faire appel « au plus illustre des Français » pour constituer un gouvernement de salut national. Le 1er juin, de Gaulle est investi à une

aux affaires de celui qui n'avait cessé de la vouer aux gémonies. Ironie du destin politique de la France ! Pour la première fois, une république en chassait une autre dans la plus grande légalité, même si, pendant quelques jours au mois de mai 1958, la menace d'un putsch militaire ou d'une guerre civile a pesé sur le pays. Il aura suffi que de Gaulle rassure, que René Coty l'impose, et que des hommes d'appareil comme Guy Mollet se rallient pour que la IVe République accepte de mourir. Dans l'indifférence générale et sans laisser aucun regret.

René Coty et Charles de Gaulle.
Le 14 juillet 1958, le président de la République et le général de Gaulle descendent ensemble les Champs-Elysées.
Jour de France, 26 juillet 1958.

De Gaulle à Alger : « Je vous ai compris ! »

large majorité : seuls les communistes, la moitié des socialistes et les radicaux mendésistes ont voté contre. Le lendemain, il reçoit les pleins pouvoirs législatifs pour six mois, ainsi que des pouvoirs spéciaux en Algérie ; le 3, il obtient les pouvoirs constituants. Le 4, de Gaulle se rend à Alger, où il est ovationné par la foule et lance son célèbre « Je vous ai compris ! ».

Au début de l'été 1958, Michel Debré, garde des Sceaux, et un groupe de travail restreint où figurent Guy Mollet et Pierre Pflimlin rédigent le projet de Constitution, approuvé en Conseil des ministres le 28 juillet puis soumis à un Comité consultatif constitutionnel composé de parlementaires. Le 4 septembre, la Constitution est solennellement présentée à la nation par de Gaulle en personne à Paris, place de la République. Lors du référendum du 28, près de 80 % des Français votent *oui*. Le 4 octobre, la Constitution est promulguée : la Ve République est née.

Rétablie et installée grâce à de Gaulle au lendemain de la libération mais organisée malgré lui, la IVe République disparaît sans gloire, douze ans plus tard, du fait du retour

LA QUATRIÈME RÉPUBLIQUE (1946-1958)

MESSIEURS LES PRESIDENTS

La Cinquième République (1958-...)

La République stabilisée

Le 4 octobre 1958, le garde des Sceaux Michel Debré scelle la nouvelle Constitution : la Ve République est prête.
Jour de France, octobre 1958.

Quand de Gaulle prend la tête du dernier gouvernement de la IVe République, au début de juin 1958, c'est avec la volonté de rétablir le fonctionnement régulier des pouvoirs publics, menacé par la crise algérienne, mais surtout de donner à la France une Constitution propre à restaurer l'autorité de l'État au moyen d'un exécutif fort. Le *oui* du 28 septembre lui confère la légitimité, dont naît deux jours plus tard le parti gaulliste, l'UNR, Union pour la Nouvelle République, qui lors des législatives de novembre remporte 26 % des suffrages et 189 sièges. Le 21 décembre, Charles de Gaulle est élu président de la République par un collège électoral élargi (80 000 élus locaux), avec 78,5 % des suffrages contre le communiste Georges Marrane. Le 8 janvier 1959, au cours de la cérémonie d'investiture à l'Élysée, René Coty lui transmet les pouvoirs présidentiels ; après s'être incliné avec lui devant la tombe du Soldat inconnu, de Gaulle redescend les Champs-Élysées, avec

Page de gauche :
De la IVe à la Ve République : René Coty transmet ses pouvoirs à Charles de Gaulle.
Jour de France, 17 janvier 1959.

Michel Debré, Premier ministre depuis le 9 janvier 1959, à la tribune de l'Assemblée nationale.
Jour de France, 24 janvier 1959.

dans sa voiture un collaborateur de longue date encore inconnu des Français : Georges Pompidou. Quelques heures plus tard, il désigne son Premier ministre, Michel Debré.

La Constitution de 1958 tranche fondamentalement avec les textes antérieurs. C'est un compromis entre la volonté gaullienne d'un exécutif efficace et le maintien du régime parlementaire voulu par les partis, mais dans la pratique s'impose très vite, avec l'homme du 18 juin, la prépondérance du président de la République : on a donc un régime semi-présidentiel qui, selon les circonstances et la personnalité du chef de l'État, aura un caractère plutôt présidentiel ou plutôt parlementaire.

La primauté de l'exécutif procède de la volonté de restauration de l'État, qui fait du président de la République la clé de voûte des institutions. Son mode d'élection et la durée de son mandat ont donné lieu aux deux principales révisions constitutionnelles, acquises par référendum : le 28 octobre 1962, malgré la levée de boucliers des partis politiques criant au viol de la Constitution (qui imposait d'abord l'accord du Parlement), plus de 60 % des Français approuvent l'élection au suffrage universel du chef de l'État. Si cette réforme renforce la fonction présidentielle en ancrant sa légitimité au cœur de la démocratie directe, l'adoption du quinquennat par le référendum du 24 septembre 2000 (avec tout de même près de 70 % d'abstentions !) prend le risque de l'affaiblir : alors que le septennat lui donnait une longévité lui permettant de se détacher des échéances électorales, le mandat de cinq ans risque à terme de faire du président davantage un chef de majorité parlementaire que l'arbitre voulu par le fondateur de la Ve République.

Dans son rapport au peuple français, le général de Gaulle a fait du référendum une pratique qui est entrée dans les mœurs de notre République (article 11 de la Constitution), même si depuis 1969 son usage s'est raréfié. Les Français ont été appelés à neuf reprises à se prononcer ainsi, dont quatre fois à l'initiative du Général : le 8 janvier 1961 sur l'autodétermination en Algérie, le 8 avril 1962 sur les accords d'Évian, le 28 octobre suivant sur l'élection présidentielle au suffrage universel, et le 27 avril 1969 sur la régionalisation et la réforme du Sénat, scrutin dont le résultat négatif entraîne aussitôt la démission du chef de l'État. Au cours des vingt dernières années, cinq référendums ont été organisés, dont trois sur l'Europe : l'élargissement de la CEE (23 avril 1972), le statut de la Nouvelle-Calédonie (6 novembre 1988), le traité de Maastricht (20 septembre 1992), la réduction du mandat présidentiel à cinq ans (24 septembre 2000), et le projet de Constitution européenne, rejeté le 29 mai 2005 par 54 % des suffrages exprimés.

L'article 16 de la Constitution procède lui aussi de la volonté de renforcement des prérogatives présidentielles, en conférant au chef de l'État des pouvoirs exceptionnels en cas de péril extérieur ou de menace pour les institutions. Depuis 1958, cet article n'a été mis en œuvre qu'une seule fois, le 23 avril 1961, au lendemain du putsch des généraux à Alger, putsch dont l'échec immédiat a renforcé l'autorité et le prestige du général de Gaulle. La Constitution donne également au chef de l'État un pouvoir qu'aucun président n'avait eu avant lui (Jules Grévy y avait renoncé dès son élection en 1879) : la dissolution de l'Assemblée nationale (élue pour cinq ans), qu'il peut prononcer après consultation du Premier ministre et des présidents du Sénat et de l'Assemblée (article 12). La dissolution a été utilisée à cinq reprises : soit pour résoudre une crise politique (octobre 1962 et mai 1968), soit pour donner au nouveau chef de l'État une majorité parlementaire (ce fut le cas en 1981 et en 1988 au début des deux mandats de François Mitterrand) ; seule la dissolution d'avril 1997, un an avant l'échéance normale, n'a pas donné au président Chirac la majorité escomptée mais au contraire une majorité de gauche qui gouvernera durant les cinq années suivantes.

Avec le recours possible au référendum, à l'article 16 et à la dissolution, le président de la République dispose d'importantes prérogatives. Mais leur usage est exceptionnel. Dans la conduite quotidienne des affaires de l'État, la Constitution lui assure une réelle prééminence, à commencer par le choix et la nomination du Premier ministre, choix dont il est le maître même si, au lendemain d'élections législatives perdues par sa majorité, il ne peut que difficilement désavouer le suffrage universel et refuser une « cohabitation » au risque de provoquer une crise grave. Le chef de l'État préside le Conseil des ministres chaque mercredi à l'Élysée, promulgue les lois, signe décrets et ordonnances, nomme aux plus hauts emplois civils et militaires de l'État, dispose du droit de grâce – droit régalien que l'abolition de la peine de mort en 1981 a rendu moins pesant pour la conscience présidentielle. Devenu, plus par la tradition et la pratique gaulliste que par la lettre de la Constitution, le véritable chef de la diplomatie et de la défense (le « domaine réservé »), participant notamment aux grands rendez-vous

Le référendum du 6 novembre 1988 approuve le nouveau statut de la Nouvelle-Calédonie.
Une victoire pour les indépendantistes kanaks du FLNKS et leur leader Jean-Marie Djibaou, que l'on voit ici (debout à gauche) avec le ministre de l'Intérieur Pierre Joxe (à droite) quelques mois plus tôt. Djibaou sera assassiné à Ouvéa le 4 mai 1989, avec son bras droit Yéiwéné Yéiwéné.
Archives Ouest-France, photo Daniel Fouray.

À la suite de la dissolution de l'Assemblée nationale par le président Jacques Chirac au mois d'avril 1997, la gauche « plurielle » remporte les élections législatives.
Respectueux du choix des Français, le président de la République nomme à Matignon Lionel Jospin (à gauche), en remplacement d'Alain Juppé.
Archives Ouest-France, photo Daniel Fouray.

Voulue par François Mitterrand et votée le 9 octobre 1981 sous l'égide de son ministre de la Justice Robert Badinter (ici en 1982), l'abolition de la peine de mort enlève au président de la République le redoutable droit régalien de choisir en dernier recours entre l'exécution et la grâce des condamnés à mort.
La dernière exécution capitale a été, le 10 septembre 1977, celle de Hamida Djandoubi, à la prison des Baumettes à Marseille.
Archives Ouest-France.

La photo officielle du général de Gaulle, président de la République.

internationaux et européens, il est aussi le chef des armées ; il décide d'éventuelles interventions extérieures ou de la participation française à des actions militaires, humanitaires ou de maintien de la paix. Le président de la République est, depuis la création de la force de dissuasion nucléaire en 1960, le seul habilité à décider de l'utilisation de l'arme atomique. Enfin et surtout, arbitre du fonctionnement régulier des pouvoirs publics et garant de la continuité de l'État, il veille au respect de la Constitution. La conformité des lois à celle-ci est vérifiée par le Conseil constitutionnel, composé de neuf membres nommés par le chef de l'État (dont son président) et les présidents des deux assemblées.

Indubitablement, du moins jusqu'en 1986 puis après 2002, l'évolution de la Ve République est allée dans le sens d'un renforcement de l'autorité du président. Durant ses dix premières années, les événements d'Algérie et la forte personnalité du général de Gaulle ont fait de l'Élysée le véritable centre du pouvoir. Mais cette prééminence du chef de l'État ne doit pas occulter une réalité inscrite dans la Constitution : la dyarchie de l'exécutif, qui fait du Premier ministre, plus que « l'homme du président », voire son « fusible » (terme peu heureux mais devenu de mode) le chef du gouvernement et de la majorité parlementaire. Si la lecture gaullienne de la Constitution s'accommode mal de cette conception bicéphale, les trois cohabitations de la période 1986-2002 ont amené un partage plus équilibré du pouvoir au détriment du chef de l'État.

Comment les cinq présidents qui se sont succédé depuis 1959 sont-ils parvenus à la tête de l'État ? Comment ont-ils exercé la fonction présidentielle ? Quels événements ont marqué leurs présidences ?

Michel Debré et le général Massu à Alger.
Général de brigade en 1955, Jacques Massu (1908-2002) commande la 10e division de parachutistes avec laquelle il gagne en 1957 la bataille d'Alger. Il reçoit en juillet 1958 ses étoiles de général de division et prend, en décembre, la tête du corps d'armée d'Alger en exerçant simultanément les fonctions de préfet régional pour l'Algérois. Ayant critiqué la politique du président de la République, celui-ci le démet, en janvier 1960, de son poste de commandant du corps d'armée d'Alger. Son renvoi provoque la semaine des barricades à Alger.
Jour de France, février 1959.

Charles de GAULLE
8 janvier 1959 – 28 avril 1969

Homme du 18 Juin et chef de la Résistance, chef du gouvernement provisoire à la Libération, de Gaulle revient au pouvoir au cours de l'été 1958 (il a 68 ans) à la faveur des événements d'Algérie, et donne à la France une nouvelle Constitution. Élu premier président de la Ve République en décembre 1958, il est réélu à la fin de l'année 1965, et démissionne le 28 avril 1969.

Les « années de Gaulle », c'est d'abord le règlement du problème de l'Algérie, qui selon lui ne peut avoir comme issue que son indépendance. Le 16 septembre 1959, il parle pour la première fois du droit des Algériens à l'autodétermination, déclaration qui déclenche la colère des Français d'Algérie et provoque la journée sanglante du 24 janvier 1960 (22 morts à Alger), prélude à la « semaine des barricades ». De Gaulle veut accélérer le processus : en janvier 1961, 75 % des Français de métropole approuvent le principe de l'autodétermination. Quelques jours plus tard naît l'OAS (Organisation de l'armée secrète), qui regroupe les ultras de l'Algérie française et déclenche des attentats en Algérie et en France. Dans la nuit du 21 au 22 avril, les généraux Salan, Challe, Jouhaud et Zeller prennent le pouvoir à Alger avec l'appui d'unités parachutistes ; le lendemain, de Gaulle décide de recourir à l'article 16 de la Constitution et, dans une déclaration à la télévision, en uniforme, stigmatise l'action d'un « quarteron de généraux en retraite » : retransmis dans les casernes grâce aux transistors, son appel est entendu, et rapidement, faute de soutien, le putsch échoue.

Pendant que l'OAS multiplie les attentats (les « commandos Delta » du lieutenant Degueldre sont les plus actifs), et que les manifestations dégénèrent parfois dans la violence (huit morts au métro Charonne le 8 février 1962), la France négocie secrètement. Des pourparlers ont lieu à Évian entre les représentants du

La semaine des barricades à Alger (janvier 1960).
Le principal organisateur de ce soulèvement contre de Gaulle est Pierre Lagaillarde, député « Algérie française » d'Alger-Ville. Opposé à l'idée d'autodétermination proposée par le général de Gaulle, il prend la tête du mouvement insurrectionnel, qui s'achève dans la nuit du 31 janvier devant la détermination du gouvernement.

gouvernement français et du FLN ; après l'échec d'une première conférence (mai 1961), la seconde aboutit à la signature des accords d'Évian, le 18 mars 1962. Le lendemain, le cessez-le-feu entre en vigueur en Algérie. Les accords sont ratifiés à 90 % par le référendum du 8 avril. Quelques jours plus tard, estimant la page algérienne tournée, le général de Gaulle nomme à Matignon Georges Pompidou, son ancien directeur de cabinet.

Les Français approuvent largement la politique algérienne du général de Gaulle.
Le 8 avril 1962, en votant massivement en faveur des accords d'Évian, ils ouvrent la voie à l'indépendance de l'Algérie. À Caen, les religieuses n'ont pas manqué de faire leur devoir de citoyennes !
Archives Ouest-France.

LA CINQUIÈME RÉPUBLIQUE (1958-...)

Nikita Khrouchtchev en visite officielle à Paris.
Du 23 mars au 3 avril 1960, le général de Gaulle reçoit le premier secrétaire du Parti communiste de l'Union soviétique, manifestant ainsi sa volonté de conserver la politique d'indépendance et de puissance de la France vis-à-vis de l'allié américain. *Jour de France*, avril 1960.

Le général de Gaulle en visite officielle au Canada (18-22 avril 1960).
Durant son voyage, le président de la République rencontre le Premier ministre du Canada, John Diefenbaker, et le Premier ministre du Québec, Antonio Barrette. *Jour de France*, avril 1960.

Le chancelier Adenauer et le général de Gaulle à Marly-le-Roi.
Les deux hommes partagent une estime et une amitié réciproques qui facilite grandement le rapprochement entre les deux pays et la construction de la Communauté européenne. Cette relation privilégiée aboutit à la réconciliation franco-allemande (traité de l'Elysée, 22 janvier 1963).
Jour de France, 14 mars 1959.

Tandis que se déroule le double drame du rapatriement de 800 000 Européens d'Algérie et du massacre des harkis laissés désarmés sur le sol algérien à la merci de la vengeance du FLN, l'OAS (dont le chef, le général Salan, est arrêté le 20 avril 1962) poursuit sa politique de la terre brûlée. Le 22 août, quelques jours après l'exécution du lieutenant Degueldre, le général de Gaulle et son épouse échappent de justesse, au Petit-Clamart, à un attentat, dont l'organisateur, Bastien-Thiry, sera lui aussi fusillé le 11 mars 1963.

Le général utilise l'émotion provoquée dans le pays pour proposer aux Français, par référendum, l'élection du président de la République au suffrage universel. Son projet déclenche dans le monde politique, hormis à l'UNR, un mouvement d'opposition dont prend la tête le président du Sénat, Gaston Monnerville – qui crie à la forfaiture et au plébiscite – et provoque une crise politique : Georges Pompidou est renversé par une motion de censure et démissionne, mais de Gaulle le confirme et dissout l'Assemblée nationale. Le *oui* au référendum l'emporte (28 octobre 1962), tandis que le 25 novembre le parti gaulliste remporte les législatives : de Gaulle a gagné.

Le renforcement de son autorité s'accompagne d'une politique extérieure visant à rendre à la France son image de grande puissance. En même temps qu'il décolonise en douceur l'Afrique noire (1960-1961) et qu'il dote le pays d'une force nucléaire (1960), de Gaulle décide de dégager l'armée française du commandement intégré de l'OTAN (1er juillet 1966). Il multiplie les gestes critiques à l'égard des États-Unis, désavoue la guerre au Vietnam et se rapproche des autres puissances (en 1964 il reconnaît la Chine communiste), et dénonce chaque fois qu'il le peut l'hégémonie américaine (notamment lors de son voyage au Mexique en 1964, et surtout au Québec, où trois ans plus tard il prononce son fameux « Vive le Québec libre ! »). Avec le chancelier ouest-allemand Konrad Adenauer, il signe le traité de l'Élysée (22 janvier 1963), qui instaure une étroite collaboration entre la France et l'Allemagne. Cette collaboration doit être le ciment de la construction européenne, conçue par de Gaulle comme devant aboutir à une Europe des patries, dans laquelle chaque État conserverait son identité. Mais, considérant la Grande-Bretagne comme trop proche des États-Unis, il refuse son entrée dans la CEE.

En décembre 1965, alors qu'il semble être au faîte de sa popularité, de Gaulle n'est réélu président de la République qu'au second tour de scrutin face à François Mitterrand, qui a su exploiter le mécontentement social exprimé lors de la grande grève des mineurs en 1963. La gauche reprend espoir, et lors des élections législatives de 1967 l'Union des Démocrates

Le général de Gaulle à Angers durant la campagne présidentielle de décembre 1965.
Mis en ballottage avec 44,6 % des suffrages exprimés au premier tour, il est réélu le 19 décembre, face à François Mitterrand, obtenant 55,2 % des voix. Archives Ouest-France.

pour la Ve République (UDV^e) ne remporte la majorité que d'extrême justesse. La France semble dès lors coupée en deux blocs, un bloc progressiste incarné par la gauche et le centre, et un bloc conservateur, incarné par de Gaulle, dans lequel les générations montantes ne se reconnaissent plus.

Le scrutin du 5 décembre 1965 à Montreuil-Bellay (Maine-et-Loire), dont le maire, Edgard Pisani, est le ministre de l'Agriculture.
Archives Ouest-France.

La rue prête à la révolution ? Mai 68.

Daniel Cohn-Bendit (surnommé Dany le Rouge), principal animateur du « mouvement du 22 mars » à l'université de Nanterre et leader du mouvement contestataire étudiant, lors d'un forum à Saint-Nazaire le 18 mai 1968.
Archives Ouest-France.

La rue Gay-Lussac le 12 mai 1968.

C'est ce décalage qui explique en partie la crise de mai-juin 1968. Elle débute par le mouvement des étudiants de la faculté de Nanterre, dont la figure emblématique est Daniel Cohn-Bendit. Au début du mois de mai, l'agitation gagne la Sorbonne, et la Quartier latin se couvre de barricades (10-11 mai). Le 13 mai, 200 000 personnes manifestent contre le régime et de Gaulle. La crise se déplace sur le terrain social, avec les occupations d'usines : bientôt la grève est générale et la France menacée de paralysie. Face à la crise, de Gaulle propose un référendum sur la participation, idée vite abandonnée, tandis que Pompidou signe avec les syndicats et le patronat les accords de Grenelle, rejetés par la base.

La crise devient politique. Le 27 mai a lieu la grande manifestation du stade Charléty, où Pierre Mendès France apparaît comme un possible recours. François Mitterrand, pour qui le pouvoir est à prendre, fait prématurément acte de candidature à l'Élysée. Deux jours plus tard, la France médusée apprend la disparition du général de Gaulle, qui s'est rendu à Baden-Baden, en Allemagne, auprès du général Massu. De retour le lendemain, dans un discours de combat, il annonce son maintien et celui du Premier ministre, et la dissolution de l'Assemblée. Aussitôt une manifestation réunissant 300 000 personnes sur les Champs-Élysées lui apporte son soutien. Le mouvement contestataire s'arrête en quelques jours. Aux élections législatives de juin 1968, l'UDR (Union pour la défense de la République) recueille la majorité absolue.

De Gaulle se sépare de Georges Pompidou, et nomme à Matignon son ancien ministre des Affaires étrangères Maurice Couve de Murville. Le président de la République, tirant les leçons des événements, décide de procéder aux deux grandes réformes jugées nécessaires : l'université et l'administration. Le ministre de l'Éducation nationale, Edgar Faure, fait voter en octobre 1968 une loi d'orientation établissant l'autonomie des universités, tandis que le gouvernement prépare une réforme régionale fondée sur la décentralisation. Cette réforme entraînant la création de vingt et une régions et une modification de la composition et du rôle du Sénat, le général de Gaulle propose de la faire approuver par référendum. Le 25 avril, deux jours avant le scrutin, il met son mandat en jeu. Le 27, le *non* l'emporte avec 53 % des voix.

Le soir même, le général de Gaulle diffuse un bref communiqué : « Je cesse d'exercer mes fonctions de président de la République. Cette décision prend effet aujourd'hui lundi à midi. » Le 29, Alain Poher, président du Sénat, s'installe à l'Élysée pour exercer l'intérim présidentiel. Le 20 juin, Georges Pompidou succède à Charles de Gaulle.

Une manifestation à Rennes pendant les événements de mai 1968.
Le mouvement contestataire ébranle le régime et affaiblit le général de Gaulle, mais révèle surtout une crise profonde de la société française.
Archives Ouest-France.

Celui-ci se retire de la vie politique pour se consacrer à la rédaction de ses *Mémoires d'espoir*. Il meurt subitement le 9 novembre 1970 à Colombey-les-Deux-Églises. Georges Pompidou déclare aux Français, dans une brève allocution télévisée : « La France est veuve. » Il est désormais l'héritier du gaullisme.

Edgar Faure aux journées parlementaires de l'UDR à La Baule le 11 septembre 1968.
Ministre de l'Éducation nationale au lendemain des événements, sa loi d'orientation marque une rupture dans l'enseignement français en intégrant des revendications de Mai 68 et notamment la participation à la gestion des établissements de tous les acteurs de l'enseignement. Archives Ouest-France.

LA CINQUIÈME RÉPUBLIQUE (1958-...)

Georges POMPIDOU
20 juin 1969 – 2 avril 1974

Georges Pompidou en visite à Mortagne (Orne) en juin 1972.
Elu au lendemain de la démission du général de Gaulle, Georges Pompidou est le seul président de la République à être décédé de maladie durant son mandat.
Archives Ouest-France.

Jacques Chaban-Delmas, président de l'Assemblée nationale.

Georges Pompidou est né à Montboudif (Cantal) le 5 juillet 1911. Passé par l'École normale supérieure, reçu premier à l'agrégation de lettres en 1934, il enseigne à Marseille, puis à Paris au lycée Henri-IV. Il est mobilisé en 1939 au 141e régiment d'infanterie alpine, revient à l'enseignement en 1940, et en septembre 1944 rencontre de Gaulle qui le charge de suivre au sein de son cabinet les questions d'éducation. Après le départ du Général, Pompidou est nommé maître des requêtes au Conseil d'État, et directeur du Commissariat au Tourisme. Après avoir été pendant cinq ans chef de cabinet de De Gaulle (1953-1958), il travaille à la banque Rothschild, tout en restant un conseiller écouté du Général : lorsque celui-ci revient au pouvoir en 1958, il devient son directeur de cabinet, et de 1959 à 1962 siège au Conseil constitutionnel. Il participe en 1961 à des négociations secrètes avec le FLN, qui aboutissent l'année suivante aux accords d'Évian.

Le 14 avril 1962, Pompidou est nommé Premier ministre, succédant à Michel Debré. Peu connu des Français, il restera en fonction jusqu'au 10 juillet 1968, dirigeant cinq gouvernements successifs. Au mois d'octobre 1962, lors de la controverse à propos du référendum sur l'élection présidentielle au suffrage universel, il est renversé par une motion de censure, cas unique dans la Ve République depuis 1958. Les événements de mai-juin 1968 le propulsent au-devant de la scène ; devant l'effacement du général de Gaulle, il gère la crise au mieux tout en évitant un affrontement irréparable, signe avec les syndicats les accords de Grenelle, et conseille à de Gaulle de dissoudre l'Assemblée nationale. La victoire des gaullistes de l'UDR aux législatives de juin 68 est d'abord la sienne. Irrité par la montée en puissance de son Premier ministre, de Gaulle remplace par Couve de Murville celui qui peut désormais s'estimer « en réserve de la République »… et qui le fait savoir par une « petite phrase » prononcée à Rome et mal interprétée par la presse, que de Gaulle lui reproche amèrement.

Désavoué par l'échec du référendum du 27 avril 1969, celui-ci démissionne. Comme le prévoit la Constitution, le président du Sénat Alain Poher s'installe à l'Élysée pour un intérim d'un mois, et fait acte de candidature. Pompidou déclare la sienne, tandis que la gauche, encore sonnée par 68, part en ordre dispersé et se trouve éliminée au premier tour, seul Jacques Duclos, candidat du Parti communiste, s'en tirant honorablement avec un score de 21 % qui humilie le socialiste Gaston Defferre (5 %). Le face-à-face Pompidou-Poher tourne à l'avantage du premier, élu le 15 juin avec 58 % des suffrages.

Reprenant la lecture gaullienne de la Constitution, Pompidou affirme la prééminence présidentielle, qui connaîtra avec lui son apogée, et sera sans partage dans la politique étrangère et la défense. Dès son élection, Pompidou nomme Premier ministre

Jacques Chaban-Delmas, président de l'Assemblée nationale depuis 1958. Celui-ci reste trois ans à la tête du gouvernement, avant de démissionner le 5 juillet 1972 à la suite de tensions avec le président au sujet de son projet de « nouvelle société », tensions qui traduisent un profond désaccord sur le partage du pouvoir au sein de l'exécutif. Chaban est remplacé par Pierre Messmer, ancien ministre des Armées et fidèle entre les fidèles du gaullisme.

Pompidou conduit la politique étrangère de la France en reprenant les grands axes de la diplomatie du général de Gaulle, tout en l'assouplissant. Partisan de l'élargissement de la CEE, il organise en avril 1972 un référendum qui, malgré la forte abstention (40 %), approuve l'entrée du Royaume-Uni, de l'Irlande et du Danemark dans l'Europe. À travers ses voyages en Chine (septembre 1973) et en URSS (mars 1974) Georges Pompidou marque son refus de l'inféodation aux États-Unis, tandis qu'au Proche-Orient la politique française reste pro-arabe.

Il accélère la modernisation et l'industrialisation de la France, commencée dans les années 1950 et qu'il avait menée comme Premier ministre : c'est l'époque des grands projets technologiques européens (Ariane, Concorde, Airbus), de Fos-sur-Mer et de la concentration industrielle. Passionné d'art contemporain, Georges Pompidou a l'idée, dès 1969, de créer un immense espace culturel en plein centre de Paris, à Beaubourg, entièrement voué à la création moderne et contemporaine où les arts plastiques voisineraient avec le théâtre, la musique, le cinéma, les livres et les activités de parole : le « Centre Pompidou » ouvrira ses portes en 1977.

En avril 1973, le chef de l'État engage une procédure de révision constitutionnelle pour réduire le mandat présidentiel à cinq ans, mais sa crainte de ne pas réunir au Congrès la majorité de 3/5 le fait renoncer. C'est un échec pour Pompidou, de plus en plus affaibli par la maladie qui le mine et dont le traitement aux corticoïdes fait enfler son visage. Il lutte jusqu'au bout avec dignité et courage, mais le mal l'emporte le 2 avril 1974. Pour la seconde fois, le président du Sénat, Alain Poher, retrouve l'Élysée. Deux mois plus tard, il investit le nouveau président de la République, Valéry Giscard d'Estaing.

Alain Poher (1909-1996), président du Sénat du 6 octobre 1968 au 1er octobre 1992, a exercé à deux reprises les fonctions de président de la République par intérim : après la démission du général de Gaulle (1969), et à la suite du décès de Georges Pompidou (1974).
Le 17 mai 1974, il visite la base militaire de l'Île Longue à Brest, haut-lieu de la force de frappe nucléaire française.
Archives Ouest-France.

« Je voudrais passionnément que Paris possède un centre culturel qui soit à la fois un musée et un centre de création. »
Par ces mots, prononcés en 1969, le président Pompidou ouvre la voie à la construction, à Beaubourg, du centre qui porte son nom.

Valéry Giscard d'Estaing succède à Georges Pompidou au mois de mai 1974.
Familièrement appelé « Giscard » ou « VGE », il fait voter un certain nombre de lois visant à moderniser la société et la vie politique française.
Archives Ouest-France, photo G. Daniel.

Parmi les lois votées au début du septennat de Valéry Giscard d'Estaing, la légalisation de l'avortement (IVG) en 1975 est l'œuvre de Simone Veil, ministre de la Santé jusqu'en juillet 1979.
À cette date, elle est élue député au Parlement européen et en devient la première présidente.
Archives Ouest-France.

Valéry GISCARD D'ESTAING
27 mai 1974 – 21 mai 1981

Valéry Giscard d'Estaing est né le 2 février 1926 à Coblence, où son père est inspecteur des Finances à l'époque de l'occupation française de la Rhénanie. À 18 ans, il s'engage dans la Ire armée française, et combat en France et en Allemagne. Admis à Polytechnique puis à l'ENA, il entre à l'Inspection générale des Finances en 1952.

Sa carrière politique commence en 1956, comme député du Puy-de-Dôme. Le 8 janvier 1959, il est nommé secrétaire d'État aux Finances dans le gouvernement de Michel Debré, et le 18 janvier 1962 est promu ministre des Finances et des Affaires économiques, fonction qu'il conserve sous le gouvernement Pompidou formé le 14 avril. Le 8 janvier 1966, il est remplacé par Michel Debré.

En juin, « Giscard » fonde la Fédération nationale des Républicains indépendants, qu'il définit comme l'élément centriste et européen de la majorité, et en janvier 1967 prononce son célèbre « oui mais » qui le démarque du gaullisme et surtout de ce qu'il considère comme « l'exercice solitaire du pouvoir ». En avril 1969 il se prononce pour le *non* au référendum, contribuant ainsi à son échec et au départ du général de Gaulle. Il soutient la candidature de Georges Pompidou à l'élection présidentielle, et retrouve le ministère de l'Économie et des Finances dans les gouvernements de Jacques Chaban-Delmas (1969-1972) et de Pierre Messmer (1972-1974).

Le 19 mai 1974, à peine deux mois après la mort de Pompidou, Valéry Giscard d'Estaing, qui bénéficie du soutien de Jacques Chirac et d'une partie des gaullistes, est élu président de la République, avec 50,8 % des voix face à François Mitterrand, candidat de l'Union de la gauche. Souhaitant gouverner au centre, il place le début de son mandat sous le signe du libéralisme « avancé et réformateur ». Il fait voter l'abaissement de la majorité à 18 ans, la légalisation de l'avortement et le divorce par consentement mutuel. Se voulant proche des Français, il simplifie le protocole de l'Élysée, inaugure les causeries « au coin du feu » pour s'adresser pays et n'hésite pas à s'inviter à dîner dans des familles ou à partager son petit déjeuner à l'Élysée avec des éboueurs parisiens.

Dès son investiture, Valéry Giscard d'Estaing nomme Jacques Chirac à Matignon, mais les rapports entre les deux hommes se tendent au point de pousser le Premier ministre à démissionner avec fracas le 25 août 1976, avant de fonder, le 5 décembre, le Rassemblement pour la République (RPR). Il est aussitôt remplacé par Raymond Barre, ministre du Commerce extérieur, que Giscard considère alors comme « le meilleur économiste de France » au moment où celle-ci subit de plein fouet les conséquences du premier choc pétrolier de 1973, en attendant le second en 1979. L'heure

Après la démission de Jacques Chirac, Raymond Barre est nommé Premier ministre.
Ce brillant économiste, encore inconnu du grand public, occupera l'Hôtel Matignon durant cinq ans.
Archives Ouest-France,
photo J. Deroost.

est aux économies d'énergie et au développement du nucléaire… au grand dam des écologistes. Mais les mesures prises par Raymond Barre ne parviennent pas à juguler la montée du chômage, qui, de 2 % de la population active au début des années soixante-dix, grimpe à 4,8 % durant le septennat de Giscard d'Estaing.

Celui-ci est marqué par la montée de la gauche et l'ascension de François Mitterrand, qui en 1971 s'est emparé de la direction du nouveau Parti socialiste et l'année suivante a signé avec les communistes et les radicaux de gauche un programme commun de gouvernement. Rien ne paraît devoir s'opposer à la victoire de la gauche aux élections législatives de 1978, mais la rupture du programme commun quelques mois plus tôt sauve la majorité RPR (gaullistes) et UDF (Union pour la démocratie française) d'une défaite annoncée. Au cours des trois années suivantes, alors que la dépression économique s'installe et que le mécontentement grandit, un certain nombre d'« affaires » et de scandales ternissent l'image du chef de l'État et du gouvernement : l'affaire Jean de Broglie (député assassiné en 1976), la mort mystérieuse du ministre Robert Boulin (1979), et surtout, révélée par *Le Canard Enchaîné*, « l'affaire des diamants » que le président aurait reçus en cadeau en 1973 du dictateur centrafricain Bokassa.

Ce scandale pèse lourd dans l'élection présidentielle de 1981 : face à un président sortant à l'image dégradée et qu'il qualifie d'« homme du passif », François Mitterrand oppose sa « force tranquille » et l'emporte le 10 mai 1981 avec plus de 51 % des suffrages. Abattu par sa défaite (on se souvient de son célèbre « Au revoir » à la télévision le soir du 19 mai 1981), VGE décide de ne pas siéger au Conseil constitutionnel afin de pouvoir conserver sa liberté de parole ; de 1988 à 1996, il dirige l'UDF, et soutient en 1988 la candidature de Raymond Barre à l'élection présidentielle, avant de se rallier, en 1995 et en 2002, à celle de Jacques Chirac. Élu à l'Académie française en 2003, battu l'année suivante à la présidence de la Région Auvergne, il dirige la Convention sur l'Avenir de l'Europe, chargée de rédiger un projet de traité constitutionnel, que les Français rejettent lors du référendum du 29 mai 2005.

François Mitterrand, après avoir échoué en 1965 et en 1974, accède enfin à la présidence de la République le 10 mai 1981.
Archives Ouest-France.

LA CINQUIÈME RÉPUBLIQUE (1958-…)

Photographié ici à Rennes, François Mitterrand restera d'abord dans l'histoire de la Vᵉ République (et de la République en général) comme ayant exercé le plus longtemps la fonction présidentielle.
Archives Ouest-France, photo J. Deroost.

Georges Marchais (1920-1997) a été secrétaire général du Parti communiste français de 1972 à 1994. Avec sa physionomie marquante, son élocution particulière et son attitude peu académique face aux médias, ce dirigeant communiste haut en couleur, cosignataire du Programme commun de la Gauche, a fait la joie des caricaturistes et des chansonniers de tout poil, en particulier de Thierry Le Luron et de Pierre Douglas. C'est durant les « années Marchais » que le PCF a entamé son lent et irrémédiable déclin électoral.
Archives Ouest-France, photo G. Daniel.

François MITTERRAND
21 mai 1981 – 17 mai 1995

Avec l'élection de François Mitterrand, le 10 mai 1981, la gauche accède pour la première fois au pouvoir, une alternance politique dont d'aucuns redoutaient qu'elle ne déstabilise le régime, tant décrié par le nouveau président. Or, le double septennat de Mitterrand reste perçu, malgré les deux cohabitations avec la droite, comme une période de stabilité et de renforcement de l'image présidentielle, en France comme à l'étranger.

François Mitterrand est né le 26 octobre 1916 à Jarnac (Charente), dans une famille catholique et conservatrice. Étudiant turbulent, il milite aux Volontaires nationaux du colonel de La Rocque (chef des Croix de Feu) et participe à l'occasion à des manifestations contre les étrangers. Mobilisé comme sergent sur la ligne Maginot près de Montmédy, il est fait prisonnier le 14 juin 1940, s'évade d'Allemagne, puis travaille pour Vichy à la réinsertion des prisonniers de guerre ; le 15 octobre 1942, il est reçu par Pétain, et au printemps suivant est décoré de l'ordre de la Francisque. Il entre dans la Résistance en 1943, rencontre de Gaulle à Londres et à Alger, et dirige en France le Mouvement des prisonniers de guerre.

Il se lance dans la politique en février 1946, en adhérant à l'Union démocratique et socialiste de la Résistance (UDSR), qu'il présidera de 1953 à 1965. Élu député de la Nièvre en novembre 1946, il entre l'année suivante dans le gouvernement Ramadier comme ministre des Anciens Combattants. Mitterrand devient l'un des hommes politiques les plus en vue de la IVᵉ : il est ministre de l'Outre-Mer en 1950-51, de l'Intérieur dans le gouvernement Mendès France (1954), et garde des Sceaux dans le cabinet Guy Mollet (1956). En 1958, opposant déterminé à de Gaulle, il appelle à voter *non* au référendum sur la Constitution. Battu aux législatives de novembre, il devient l'année suivante maire de Château-Chinon et sénateur de la Nièvre, avant de retrouver son siège de député en 1962. En 1964, il prend la tête de la Convention des institutions républicaines et publie *Le Coup d'État permanent*, s'affirmant comme un antigaulliste déterminé.

Candidat unique de la gauche aux élections présidentielles de décembre 1965, Mitterrand parvient à mettre de Gaulle en ballottage, et au second tour recueille 45 % des voix. Fort de ce résultat, il prend la direction de la Fédération de la gauche démocrate et socialiste (FGDS), qui regroupe la gauche non communiste. Lors des événements de mai-juin 1968, il se pose en recours face à de Gaulle, et annonce, avec une précipitation incomprise, sa candidature à l'Élysée. Discrédité par la débâcle électorale de la gauche aux législatives, il ne peut être candidat à la présidentielle de 1969, marquée par la défaite sans appel du candidat socialiste, Gaston Defferre.

C'est en juin 1971, au congrès d'Épinay, que s'amorce la résurrection de Mitterrand, avec la création du Parti socialiste, dont il est élu Premier secrétaire. En juin 1972, il signe le programme commun de la gauche avec le

Parti communiste de Georges Marchais et les radicaux de gauche de Robert Fabre. Candidat de la gauche à la présidentielle de 1974, Mitterrand est battu de peu par Valéry Giscard d'Estaing. Bien qu'affaibli par la rupture du programme commun en 1977, contesté par Michel Rocard lors du congrès socialiste de Metz (1979), François Mitterrand se prépare à l'élection présidentielle de mai 1981 contre Giscard d'Estaing : recueillant près de 26 % des voix au 1er tour, il est élu le 10 mai avec près de 52 % des suffrages.

Il dissout d'emblée l'Assemblée nationale et nomme Premier ministre Pierre Mauroy, qui forme un gouvernement dans lequel, pour la première fois depuis 1947, entrent les communistes. Les socialistes, majoritaires dans la nouvelle assemblée, s'étaient engagés à rompre avec le capitalisme et à « changer la vie ». Le gouvernent lance dès l'été 1981 un vaste programme de réformes : nationalisation de 9 groupes industriels (dont Saint-Gobain, Thomson et Rhône-Poulenc) et de 36 banques, loi de décentralisation administrative (loi Defferre), lois Auroux sur le droit au travail (5e semaine de congés payés, semaine de 39 heures, abaissement de l'âge de la retraite à 60 ans), abolition de la peine de mort, sans compter l'augmentation du SMIC (10 %) et des allocations familiales (25 %). C'est « l'état de grâce », que ternit rapidement la dégradation de la situation économique et sociale : fin 1982, le chômage franchit la barre des 2 millions de demandeurs d'emploi, tandis que les dévaluations se succèdent : en mars 1983, le ministre des Finances Jacques Delors annonce le retour à la rigueur et à l'austérité. L'année 1984 est surtout marquée par le réveil de la guerre scolaire, qui culmine avec la gigantesque manifestation du 24 juin à Versailles en faveur de l'enseignement privé. Affaibli, Pierre Mauroy démissionne. Il est remplacé par Laurent Fabius (34 ans), qui forme un gouvernement sans les communistes.

Après avoir été ministre de l'Economie et des Finances de 1981 à 1984, au début de la présidence de François Mitterrand, Jacques Delors devient président de la Commission européenne en 1985, fonction qu'il exerce jusqu'en 1994. Il est reçu ici à l'Elysée par Mitterrand, en septembre 1985. Père de Martine Aubry, Jacques Delors renoncera à se présenter au nom des socialistes à l'élection présidentielle de 1995.
Archives Ouest-France,
photo Daniel Fouray.

Bien qu'il se sache, depuis novembre 1981, atteint d'un cancer de la prostate, François Mitterrand annonce sa candidature pour un second septennat le 22 mars 1988. Il est réélu le 8 mai, l'emportant contre son Premier ministre Jacques Chirac.
Archives Ouest-France.

L'année suivante éclate l'affaire du *Rainbow Warrior*, le bateau de l'association écologiste « Greenpeace », coulé dans le port néo-zélandais d'Auckland par les services secrets français sur l'ordre du ministre de la Défense Charles Hernu. Celui-ci doit démissionner, mais l'affaire ternit l'image de François Mitterrand et de Laurent Fabius, ainsi que celle de la France à l'étranger, notamment en Australie et en Nouvelle-Zélande.

Les élections législatives de 1986 voient la victoire de la droite RPR-UDF. Pour la première fois depuis 1958, un chef d'État et sa majorité sont désavoués : en nommant Jacques Chirac à Matignon, Mitterrand inaugure contre son gré une nouvelle donne politique et institutionnelle : la cohabitation, qui s'avère rapidement conflictuelle (notamment lorsque Mitterrand refuse de signer un certain nombre d'ordonnances). Le gouvernement Chirac privatise des banques et des entreprises publiques (comme Paribas et Suez) ainsi que TF1, tente de réformer l'Université mais recule devant les manifestations étudiantes contre le projet de loi Devaquet, et doit faire face aux premiers attentats terroristes islamistes, tandis que Jacques Chirac se prépare à affronter Mitterrand à la présidentielle de 1988.

C'est un nouvel échec pour lui. Réélu avec 54 % des voix, François Mitterrand dissout l'Assemblée nationale mais n'obtient qu'une majorité relative. Entre 1988 et 1993 trois Premiers ministres se succèdent : Michel Rocard, qui crée le RMI avant d'être remercié brutalement et sans motif politique en avril 1991, Édith Cresson, première femme nommée à Matignon mais qui au bout d'un an de maladresses et de critiques frisant la misogynie doit démissionner, et Pierre Bérégovoy. Celui-ci, fidèle de Mitterrand, doit faire face à l'affaire du sang contaminé (qui touche notamment Laurent Fabius) et surtout est rendu responsable de la déroute des socialistes aux législatives de 1993 (le PS passe de 276 à 67 sièges !). Affecté par des accusations de malversation, souffrant du climat de corruption qui règne dans l'entourage du président et se sentant abandonné par ses amis politiques, Bérégovoy se suicide le 1er mai 1993.

François Mitterrand reste l'initiateur de la politique étrangère, même durant les périodes de cohabitation. Son intérêt se porte avant tout sur la relance de la construction européenne, axe central de sa politique à partir de 1983, et sur le renforcement des liens avec l'Allemagne (l'image de Mitterrand et du chancelier Helmut Kohl se tenant par la main à Verdun le 22 septembre 1984 est restée un symbole fort). Profondément atlantiste, il soutient les États-Unis lors de la crise des euromissiles. Défenseur du droit international, il engage les forces françaises en 1991 aux côtés de la coalition sous mandat de l'ONU pour libérer le Koweit.

La victoire de la droite aux législatives de 1993 inaugure une nouvelle cohabitation, avec la nomination d'Edouard Balladur comme Premier ministre. Cette cohabitation, plus sereine et consensuelle que la première, est marquée par de nouvelles privatisations et par la réforme du code de la nationalité, mais aussi par la préparation de l'élection présidentielle de 1995, à laquelle les Français ont la certitude que Mitterrand, vieillissant et atteint d'un cancer de la prostate depuis 1981, ne se représentera pas, mais que Chirac sera candidat. La donne se complique avec la rivalité entre celui-ci et Édouard Balladur (que les sondages donnent déjà gagnant), et par l'incapacité de la gauche à trouver un candidat : après son échec aux élections européennes de 1984, Michel Rocard doit renoncer à ses ambitions présidentielles ; Jacques Delors, malgré des sondages très favorables, refuse de se présenter ; les socialistes finissent par désigner Lionel Jospin.

Au premier tour, celui-ci crée la surprise en arrivant en tête, et Jacques Chirac en crée une autre en éliminant Édouard Balladur. Jean-Marie Le Pen, candidat du Front national, réalise un score de 15 %. Au second tour, le 7 mai 1995, Jacques Chirac l'emporte avec 52,6 % des suffrages.

François Mitterrand, miné par son cancer et par la polémique sur son passé d'homme de droite, meurt le 8 janvier 1996.

Après l'échec de la gauche aux élections législatives de 1993, François Mitterrand nomme à Matignon Edouard Balladur.
Né à Izmir (Turquie) en 1929, secrétaire général de l'Élysée en 1974, proche de Chirac dont il a été le ministre de l'Economie, des Finances et de la Privatisation, Edouard Balladur jouit durant son gouvernement d'une popularité qui le pousse à se présenter à l'élection présidentielle de 1995, contre son « ami de trente ans » Jacques Chirac. Il est éliminé dès le premier tour.
Archives Ouest-France, photo J.-Y. Desfoux.

Après avoir été secrétaire général de l'Elysée au début de la présidence de François Mitterrand, puis ministre des Affaires sociales, de l'Economie et des Finances dans les gouvernements Fabius, Rocard et Edith Cresson, Pierre Bérégovoy succède à celle-ci en avril 1992.
Son suicide un an plus tard restera comme l'une des tragédies des années Mitterrand.
Archives Ouest-France, photo Daniel Fouray.

LA CINQUIÈME RÉPUBLIQUE (1958-...)

Jacques Chirac, président de la République, dans son bureau de l'Elysée le 6 mai 1997.
Archives Ouest-France, photo Daniel Fouray.

Jacques CHIRAC
17 mai 1995-…

Élu en mai 1995 pour un septennat, réélu en mai 2002 pour cinq ans (le quinquennat a été adopté deux ans plus tôt), Jacques Chirac est né le 29 novembre 1932 à Paris. Diplômé de l'Institut d'études politiques de Paris en 1954, il effectue son service militaire à l'École d'application de l'arme blindée et de la cavalerie de Saumur. Après son mariage avec Bernadette Chodron de Courcel (1956), il demande à servir comme lieutenant en Algérie au 6e régiment de chasseurs d'Afrique. À sa sortie de l'ENA en 1959, il y est nommé auprès du directeur général de l'Agriculture. Revenu en France pour enseigner à Sciences Po, il devient en 1962 chargé de mission auprès du secrétariat du gouvernement Pompidou. Poussé par celui-ci, à qui il voue fidélité et admiration et qui le surnomme « mon bulldozer », sa carrière politique commence le 12 mars 1967, lorsqu'il est élu député de la Corrèze.

Martine Aubry, ministre de l'Emploi et de la Solidarité dans le gouvernement de Lionel Jospin après la victoire de la gauche en 1997, met en place la principale promesse du Premier ministre : la lutte contre le chômage (plus de deux millions de chômeurs), en mettant en œuvre plusieurs dispositifs publics et notamment les 35 heures et les emplois-jeunes.
Elle instaure en outre la Couverture maladie universelle (CMU), avant de jeter les bases de l'Allocation personnalisée d'autonomie (APA) pour les personnes âgées dépendantes.
Archives Ouest-France, photo Daniel Fouray.

Le 8 mai, il est nommé secrétaire d'État à l'Emploi (il sera à l'origine de la création de l'ANPE). Il joue un rôle capital en mai 1968 dans la signature des accords de Grenelle, aux côtés de Pompidou, puis devient secrétaire d'État à l'Économie et aux Finances sous la tutelle de Giscard d'Estaing. En 1971, Chirac est nommé ministre chargé des relations avec le Parlement, puis de l'Agriculture en juillet 1972 dans le gouvernement Messmer. En mars 1974, il est promu ministre de l'Intérieur, avant de se rallier, avec 43 députés gaullistes, à la candidature de Giscard d'Estaing après la mort du président Pompidou.

Le 27 mai, le nouveau chef de l'État nomme Jacques Chirac Premier ministre, mais les relations entre les deux têtes de l'exécutif, faites de désaccords et d'escarmouches, se tendent rapidement. Le 14 décembre, avec le soutien de Charles Pasqua, Chirac s'empare de la direction de l'UDR, renforçant sa position face à Giscard. Après la victoire de la gauche aux élections cantonales de mars 1976, le Premier ministre est décidé à claquer la porte. Le 25 août, il démissionne, déclarant à la télévision, regard dur et mâchoires serrées : « Je ne dispose pas des moyens que j'estime nécessaires pour assumer efficacement mes fonctions de Premier ministre et dans ces conditions j'ai décidé d'y mettre fin » : une première dans l'histoire de la Ve République !

À la fin de 1976, Jacques Chirac fonde le RPR, nouveau parti gaulliste dont il entend faire son instrument de conquête du pouvoir. Au printemps 1977, il est élu maire de Paris (réélu en 1983 et en 1989, il occupera cette fonction jusqu'en 1995), et se montre de plus en plus critique à l'égard du gouvernement. Il lance en novembre 1978 « l'appel de Cochin » (du nom de l'hôpital où l'a conduit un accident de la route), dénonçant l'UDF comme « le parti de l'étranger ». Éliminé au premier tour de la présidentielle de 1981 (18 % des voix), il se rallie du bout des lèvres, et « à titre personnel », à la candidature de Giscard d'Estaing. Devenu le véritable chef de l'opposition, il remporte les législatives de 1986.

François Mitterrand le nomme Premier ministre : la première cohabitation, musclée, est une véritable guerre de tranchées entre les deux hommes, qui se préparent à l'affrontement de 1988. Celui-ci tourne à l'avantage de Mitterrand. Jacques Chirac devra encore ronger son frein, et en outre subir l'humiliation d'un Édouard Balladur caracolant en tête des sondages pour l'élection présidentielle de 1995, et auquel se sont ralliés des poids lourds gaullistes comme Nicolas Sarkozy et Charles Pasqua ; mais, contre toute attente, Chirac, menant campagne sur le thème de la « fracture sociale », distance au premier tour son « ami de trente ans », qui passe mal dans l'opinion. Au second tour, il bat Lionel Jospin, candidat des socialistes, avec 52,6 % des voix : comme pour Mitterrand, la troisième tentative a été la bonne.

À son arrivée à l'Élysée, Jacques Chirac nomme Alain Juppé Premier Ministre. Le chef de l'État prend rapidement des mesures relevant de son domaine réservé : la reprise des essais nucléaires à Mururoa (juin 1995) et la fin du service national obligatoire (mai 1996). À la fin de l'année 1995, la crise sociale prend le dessus, notamment avec des grèves et des manifestations contre l'allongement à 40 ans de la durée de cotisation à la retraite des fonctionnaires. Conscient que les élections législatives, prévues en mars 1998, risquent d'être une défaite pour sa majorité, Jacques Chirac décide le 21 avril 1997 de dissoudre l'Assemblée nationale élue en 1993. Entraînée par Lionel Jospin, la « gauche plurielle » remporte les élections. Le président, défait et contraint de jouer le jeu de la cohabitation, nomme le chef de la nouvelle majorité Premier ministre : le gouvernement Jospin sera l'un des plus longs de la Ve République (1997-2002).

Le président et le chef du gouvernement tentent de parler d'une même voix dans le cadre de l'Union européenne ou de la politique étrangère, se rendant ensemble aux sommets européens, même si on y assiste à des passes d'armes verbales entre les deux hommes. Le gouvernement Jospin jouit d'une popularité élevée, marquée par la loi des 35 heures (19 mai 1998), la création de 350 000 emplois-jeunes et une baisse du chômage favorisée par la reprise économique mondiale. Le 13 octobre 1999 est votée la loi créant le PACS (Pacte civil de solidarité), tandis que le 24 septembre 2000, la réduction du mandat présidentiel de 7 à 5 ans est adoptée par référendum, malgré une abstention record.

Le septennat de Jacques Chirac est aussi marqué par le développement de la violence en Corse, qui prend un tour dramatique avec l'assassinat du préfet Claude Érignac le 6 février 1998. L'autorité de l'État dans l'île est également compromise par l'implication de son successeur, le préfet Bonnet, dans l'affaire de la paillote incendiée sur son ordre. La popularité du président Chirac souffre de ce climat, mais aussi des « affaires » liées au financement du RPR et à la gestion de la mairie de Paris. Il s'ensuit un débat sur l'immunité du chef de l'État, qui, selon les termes de la Constitution, ne peut être poursuivi durant son mandat.

Décidé à se représenter en 2002, Jacques Chirac mène campagne sur le thème de l'insécurité. Son principal adversaire, Lionel Jospin, fait état de son bilan de Premier ministre, mais commet l'erreur de s'en prendre à l'âge et à la compétence du président. Le 21 avril 2002, plus qu'une surprise, c'est le choc : devancé par Jacques Chirac (19,8 % des voix, score très faible pour un président sortant !) et par le leader du Front national Jean-Marie Le Pen (16,86 %), Lionel Jospin est éliminé avec 16,1 % des suffrages. Dès l'annonce de

Mise sous enveloppe des professions de foi des seize candidats à l'élection présidentielle de 2002 : une élection dont le premier tour, le 21 avril, est marqué par le succès inattendu de Jean-Marie Le Pen, candidat du Front national, et l'élimination de Lionel Jospin.
Archives Ouest-France, photo Marc Roger.

La campagne pour le deuxième tour de l'élection présidentielle de 2002 est l'occasion de nombreuses manifestations contre la candidature de Jean-Marie Le Pen, comme ici dans le Finistère.
Archives Ouest-France, photo Jérôme Fouquet.

sa défaite, il décide de se retirer définitivement de la vie politique, laissant le Parti socialiste et la gauche dans le désarroi. La forte mobilisation entre les deux tours, notamment des jeunes, contre le Front national et pour la défense des valeurs républicaines, permet à Jacques Chirac d'être réélu avec 82 % des voix : il est à la fois le mieux et le plus mal élu des présidents de la Ve République !

Les élections législatives qui suivent envoient à l'Assemblée une majorité de droite, sur laquelle peut s'appuyer le gouvernement dirigé par un fidèle du président, Jean-Pierre Raffarin, épaulé par le médiatique ministre de l'Intérieur Nicolas Sarkozy et le ministre des Affaires étrangères Dominique de Villepin. Jacques Chirac, qui le 14 juillet 2002 échappe de peu à un attentat à Paris, voit sa cote de popularité remonter. Le gouvernement met en œuvre les promesses de la campagne présidentielle : baisse de l'impôt sur le revenu, actions contre la délinquance, lutte contre l'insécurité routière, assouplissement des 35 heures. Au printemps 2003, le plan de réforme des retraites provoque un fort mouvement de protestation sociale qui, conjugué avec la remontée du chômage et le drame humanitaire de la canicule de l'été 2003, se traduit en mars 2004 par la victoire de la gauche aux élections régionales puis aux élections européennes.

Les difficultés intérieures sont compensées par le regain de prestige dont bénéficie Jacques Chirac dans le pays et sur la scène internationale en refusant de s'engager en 2003 aux côtés des États-Unis dans la guerre contre l'Irak, accusé à tort de détenir des armes de destruction massive. Le discours de Dominique de Villepin à l'ONU est à cet égard l'un des moments forts de la diplomatie française, et contribue, du moins pour un temps, à rendre au président de la République une stature nouvelle.

En 2004 et au début de 2005, la vie politique est marquée par la bataille du référendum sur la ratification du projet de Constitution européenne. Jacques Chirac s'y engage personnellement, mais déçoit lors d'un débat télévisé face aux représentants des jeunes, au cours duquel il apparaît éloigné de leurs préoccupations. Malgré cette implication personnelle, malgré l'appel du Parti socialiste en faveur de la ratification, le *non* l'emporte le 29 mai 2005. C'est un échec personnel pour Jacques Chirac, au plus bas dans les sondages, qui remplace Jean-Pierre Raffarin par Dominique de Villepin à la tête d'un gouvernement où Nicolas Sarkozy, devenu entre-temps président de l'UMP (Union pour la Majorité Présidentielle, puis Union pour un Mouvement Populaire), détient, après être passé un temps à l'Économie et aux Finances, le portefeuille de l'Intérieur avec le titre de ministre d'État.

Pour le président de la République, pour le gouvernement et la majorité, l'année 2005 et le début de 2006 n'apportent que des déboires. Échec du référendum, hospitalisation de Jacques Chirac victime d'un léger accident vasculaire cérébral (septembre 2005), crise des banlieues à l'automne suite à la mort de deux jeunes à Clichy-sous-Bois, mobilisation contre le CPE (Contrat Première Embauche) et affaire « Clearstream » au printemps 2006, affaire qui met en cause le Premier ministre, soupçonné d'avoir commandité des enquêtes confidentielles sur des hommes politiques.

C'est sur ce fond de crise et de mécontentement, et malgré l'embellie sur le front du chômage, que les états-majors politiques préparent, depuis de longs mois, la présidentielle du printemps 2007. Avec plusieurs interrogations, sur les candidatures puis sur les possibles surprises du premier tour (qui, à chaque scrutin, en réserve une, de la mise en ballottage du général de Gaulle en 1965 à l'élimination de Lionel Jospin en 2002) : Jacques Chirac sollicitera-t-il un troisième mandat ? Jean-Marie Le Pen sera-t-il à nouveau présent au second tour ? Face au duel annoncé entre Ségolène Royal et Nicolas Sarkozy, François Bayrou réussira-t-il enfin sa percée, en devenant le « troisième homme » du paysage politique français ? Quel sera l'impact de la pression écologiste sur le scrutin ? Autant de questions qui détermineront l'avenir de la Ve République pour les prochaines années.

Au parc des Expositions de la Beaujoire, à Nantes, meeting socialiste en faveur du Oui au référendum sur le projet de Constitution européenne.
De gauche à droite : François Hollande, Lionel Jospin et Jean-Marc Ayrault.
Archives Ouest-France, photo Franck Dubray.

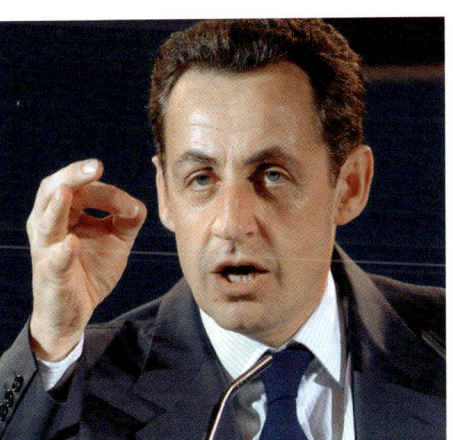

Investie comme candidate du Parti socialiste le 26 novembre 2006 après le vote des militants dix jours plus tôt, Ségolène Royal est la première femme en France susceptible d'être élue présidente de la République.
Née en 1953, plusieurs fois ministre ou ministre déléguée entre 1992 et 2002 (Environnement, Enseignement scolaire, Famille et Enfance), elle préside la Région Poitou-Charentes depuis mars 2004.
Archives Ouest-France, photo C. Stefan.

Né en 1955, Nicolas Sarkozy a mené une carrière politique fulgurante auprès de Jacques Chirac et d'Edouard Balladur.
Président de l'UMP, ministre de l'Intérieur, il s'est imposé depuis deux ans comme le principal candidat de la droite à l'élection présidentielle de 2007, candidature devenue officielle le 14 janvier 2007.
Archives Ouest-France, photo Philippe Renault.

Conclusion

Les deux derniers siècles de l'histoire de la France se confondent, au-delà des parenthèses des empires et de la monarchie constitutionnelle, avec la République. Après les deux premiers brefs épisodes républicains, elle s'est imposée à partir du milieu des années 1870, devenant le régime politique naturel de la France.

On l'a vu, les cinq Républiques ne se ressemblent pas. Aucune n'est l'héritière de l'autre. La Première a sombré dans la dictature révolutionnaire puis l'anarchie. La Deuxième, née dans l'illusion d'une République sociale impossible, s'est jetée, par le suffrage universel, dans les bras de son fossoyeur. La Troisième, malgré ses crises et ses soubresauts, a donné à la France les fondements de la démocratie et du régime parlementaire. La Quatrième, mal née, mal aimée, a laissé passer sa chance et s'est engluée dans ses contradictions et ses renoncements. Seule la Cinquième, depuis maintenant un demi-siècle, a su donner à la France la stabilité ; mais n'a-t-elle pas aussi fait peu à peu perdre aux Français leur confiance dans les institutions, voire dans les hommes politiques ?

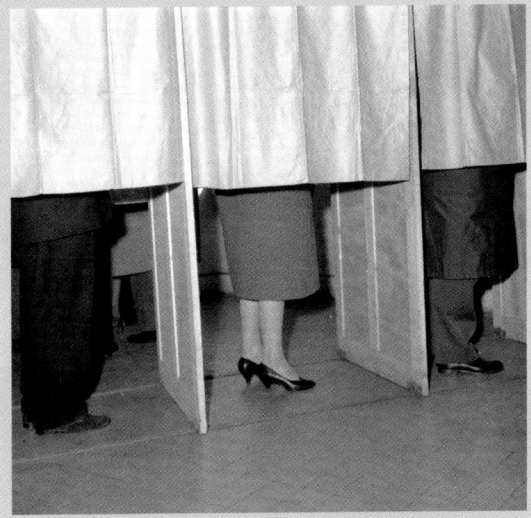

Quel Président les Français choisiront-ils dans le secret de l'isoloir ?
Archives Ouest-France.

La prochaine élection présidentielle engagera, pour cinq ans, une étape nouvelle dans l'histoire de la République. Comme les précédentes, elle est attendue, avec l'espoir que le chef de l'État dont le nom sortira des urnes et dont le visage s'affichera le 6 mai 2007 à 20 heures sur les écrans de télévision saura incarner les valeurs de la République et rendre aux Français la foi dans la démocratie.

Aujourd'hui, beaucoup de Français s'interrogent sur l'avenir de la Vᵉ République et souhaitent une évolution en douceur des institutions. L'élection présidentielle de 2007 permettra-t-elle d'engager la modernisation de notre République ?

Repères chronologiques

La Première République (1792-1804)

21-22 septembre 1792 : Abolition de la royauté. Naissance de la République
21 janvier 1793 : Exécution de Louis XVI
24 juin 1793 : Constitution de l'an I
5 septembre 1793 – 28 juillet 1794 : la Terreur
22 août 1795 : Constitution de l'an III créant le Directoire
18-19 novembre 1799 (18 et 19 brumaire) : Coup d'État de Bonaparte
13 décembre 1799 : Constitution de l'an VIII organisant le Consulat
18 mai 1804 : Début du premier Empire (Napoléon Ier)

La Deuxième République (1848-1852)

24-25 février 1848 : Révolution à Paris. Proclamation de la IIe République
2 mars 1848 : Rétablissement du suffrage universel direct
4 novembre 1848 : Vote de la Constitution
10 décembre 1848 : Louis-Napoléon Bonaparte élu président de la République
2 décembre 1851 : Coup d'État de Louis-Napoléon Bonaparte
2 décembre 1852 : Début du second Empire (Napoléon III)

La Troisième République (1870-1940)

4 septembre 1870 : Proclamation de la République. Formation du gouvernement de la Défense nationale
18 mars-28 mai 1871 : La Commune de Paris
Février-juillet 1875 : Vote des lois constitutionnelles (« Constitution de 1875 »)
1881-1884 : Vote des grandes lois républicaines, notamment des lois scolaires
1889 : Crise du Boulangisme
1894 : Début de l'affaire Dreyfus
1914-1918 : Première Guerre mondiale
6 février 1934 : Manifestation violente des ligues d'extrême droite à Paris
1936 : Gouvernement du Front populaire. Grandes lois sociales (congés payés)
3 septembre 1939 : La France et l'Angleterre déclarent la guerre à l'Allemagne
18 juin 1940 : Appel du général de Gaulle à la résistance
22 juin 1940 : Signature de l'armistice à Rethondes
10 juillet 1940 : Pétain reçoit les pleins pouvoirs. Début de l'État Français (régime de Vichy)

La Quatrième République (1946-1958)

3 juin 1943 : Création du Comité français de libération nationale (CFLN) à Alger
21 avril 1944 : Ordonnance accordant le droit de vote aux femmes
3 juin 1944 : Le CFLN devient le Gouvernement provisoire de la république française (GPRF)
31 août 1944 : Transfert du GPRF d'Alger à Paris
21 octobre 1945 : Rejet par référendum de la Constitution de 1875
20 janvier 1946 : Démission du général de Gaulle de la présidence du GPRF
5 mai 1946 : Rejet par référendum du premier projet de Constitution
13 octobre 1946 : Adoption par référendum du second projet de Constitution
16 janvier 1947 : Vincent Auriol élu président de la République
23 décembre 1953 : René Coty élu président de la République
7 mai 1954 : Chute de Diên Biên Phu, fin de la guerre d'Indochine
1er novembre 1954 : Début de la guerre d'Algérie
13 mai 1958 : Émeutes à Alger. Appel au général de Gaulle
2 juin 1958 : De Gaulle, investi président du Conseil, obtient les pleins pouvoirs
28 septembre 1958 : Adoption par référendum de la Constitution de la Ve République

La Cinquième République (1958-…)

21 décembre 1958 : Charles de Gaulle élu président de la République
21 avril 1961 : Putsch des généraux à Alger
18 mars 1962 : Accords d'Évian. Fin de la guerre d'Algérie
22 août 1962 : Attentat du Petit-Clamart contre de Gaulle
28 octobre 1962 : Référendum instituant l'élection du président de la République au suffrage universel direct
19 décembre 1965 : Réélection du général de Gaulle à la présidence de la République
Mai 1968 : « Événements de 68 »
27 avril 1969 : Échec du référendum sur la régionalisation et la réforme du Sénat : démission du général de Gaulle
15 juin 1969 : Georges Pompidou élu président de la République
2 avril 1974 : Mort de Georges Pompidou
19 mai 1974 : Valéry Giscard d'Estaing élu président de la République
10 mai 1981 : François Mitterrand élu président de la République
20 mars 1986 : Jacques Chirac Premier ministre. Première cohabitation
7 mai 1988 : Réélection de François Mitterrand
29 mars 1993 : Édouard Balladur Premier ministre. Deuxième cohabitation
7 mai 1995 : Jacques Chirac président de la République
2 juin 1997 : Lionel Jospin Premier ministre. Troisième cohabitation
2 octobre 2000 : Adoption par référendum du quinquennat présidentiel
21 avril 2002 : Lionel Jospin éliminé du premier tour de l'élection présidentielle par Jean-Marie Le Pen
5 mai 2002 : Réélection de Jacques Chirac président de la République
29 mai 2005 : Rejet par référendum du projet de Constitution européenne

Les présidents de la République française
de 1848 à nos jours

Deuxième République

Louis-Napoléon Bonaparte : 18-12-1848 – 2-12-1852

Troisième République

Adolphe Thiers : 31-8-1871 – 24-5-1873
Patrice de Mac-Mahon : 24-5-1873 – 30-1-1879
Jules Grévy : 30-1-1879 – 2-12-1887
Sadi Carnot : 3-12-1887 – 24-6-1894
Jean Casimir-Périer : 27-6-1894 – 16-1-1895
Félix Faure : 17-1-1895 – 16-2-1899
Émile Loubet : 18-2-1899 – 18-2-1906
Armand Fallières : 18-2-1906 – 17-2-1913
Raymond Poincaré : 17-2-1913 – 17-2-1920
Paul Deschanel : 18-2-1920 – 21-9-1920
Alexandre Millerand : 23-9-1920 – 11-6-1924
Gaston Doumergue : 13-6-1924 – 13-6-1931
Paul Doumer : 13-6-1931 – 7-5-1932
Albert Lebrun : 10-5-1932 – 11-7-1940

Quatrième République

Vincent Auriol : 16-1-1947 – 16-1-1954
René Coty : 16-1-1954 – 8-1-1959

Cinquième République

Charles de Gaulle : 8-1-1959 – 28-4-1969
Georges Pompidou : 20-6-1969 – 2-4-1974
Valéry Giscard d'Estaing : 27-5-1974 – 21-5-1981
François Mitterrand : 21-5-1981 – 17-5-1995
Jacques Chirac : 17-5-1995 – …

Index des noms propres

Les présidents de la République sont indiqués en gras.

A
Adenauer (Konrad) 93, 102, 103
Affre (Monseigneur) 26
Albert 24
Albert (Marcelin) 58
Alphonse XIII 55
André (général) 54
Arago (François) 24, 25
Aubry (Martine) 114
Augereau (général) 18
Auriol (Vincent) 82, 83, 84, 86, 88, 89

B
Badinter (Robert) 99
Balladur (Édouard) 113, 115
Barnave (Antoine) 15
Barras (Paul) 15, 16, 18
Barre (Raymond) 108, 109
Barrot (Odilon) 22, 27
Barthou (Louis) 61
Basire (Claude) 13
Bastien-Thiry (Jean-Marie) 102
Baudin (Jean Baptiste) 29
Bérégovoy (Pierre) 112, 113
Bidault (Georges) 80, 82, 83, 84, 85, 88
Billaud-Varenne (Jacques Nicolas) 11, 13, 15
Blanc (Louis) 24
Blum (Léon) 67, 74, 75, 82, 85, 89
Bokassa 109
Bonaparte (Louis-Napoléon) 7, 18, 19, 21, 26, 27, 28, 29, 34
Bonaparte (Lucien) 18
Bonaparte (Napoléon) 18, 19

Bonnet (Bernard) 115
Bonnot (Jules) 59
Boulanger (général) 43, 44, 45
Boulin (Robert) 109
Bourgès-Maunoury (Maurice) 91
Briand (Aristide) 56, 61, 62, 69, 71
Brisson (Henri) 49
Brissot (Jacques Pierre) 11, 13, 15
Broglie (Albert) 37
Broglie (Jean de) 109
Bugeaud (maréchal) 23

C
Cachin (Marcel) 84
Caillaux (Joseph) 56, 61, 69
Carnot (Hippolyte) 44
Carnot (Lazare) 11, 15, 19
Carnot (Sadi) 8, 33, 44, 45, 46, 47, 48, 70
Carrier (Jean-Baptiste) 15
Caserio (Jéronimo) 46, 47
Casimir-Périer (Auguste) 48
Casimir-Périer (Jean) 32, 48, 49
Cavaignac (Louis Eugène) 26, 27, 28
Chaban-Delmas (Jacques) 93, 106, 108
Challe (général Maurice) 101
Chambord (comte de) 33, 37, 38
Changarnier (général Nicolas) 27, 28
Charles X 21, 34, 38
Chautemps (Camille) 82
Chirac (Jacques) 99, 108, 109, 112, 113, 114, 115, 116, 117
Clemenceau (Georges) 41, 44, 46, 56, 57, 58, 61, 62, 64, 67, 73
Cohn-Bendit (Daniel) 104
Collot d'Herbois (Jean Marie) 11, 13

Combes (Émile) 52, 53, 54, 68
Condorcet (marquis de) 11, 13, 14, 15, 81
Coty (Germaine) 84
Coty (René) 82, 84, 85, 94, 95, 97
Couthon (Georges) 13, 15, 17
Couve de Murville (Maurice) 105, 106
Crémieux (Adolphe) 24
Cresson (Édith) 112
Cristiani (baron) 52

D
Daladier (Édouard) 74, 76, 77
Danton (Georges Jacques) 7, 11, 12, 13, 15, 16
Debré (Michel) 95, 97, 98, 100, 106, 108
Defferre (Gaston) 106, 110
Degueldre (lieutenant) 101, 102
Delbecque (Léon) 94
Delcassé (Théophile) 54
Delors (Jacques) 111, 113
Déroulède (Paul) 44, 56
Deschanel (Paul) 32, 64, 65, 70
Desmoulins (Camille) 7, 11, 12, 16
Doumer (Paul) 32, 33, 55, 56, 70, 71, 73
Doumergue (Gaston) 60, 68, 69
Dreyfus (Alfred) 8, 50, 51, 52, 53
Duclos (Jacques) 106
Ducos (Roger) 19
Dupont de l'Eure (Jacques) 24
Dupuy (Charles) 48

E
Érignac (Claude) 115

F
Fabius (Laurent) 111, 112
Fabre (Robert) 111
Fallières (Armand) 32, 55, 56, 59, 61, 71
Faure (Edgar) 82, 89, 91, 105
Faure (Félix) 33, 49, 50, 51, 52, 56
Favre (Jules) 31, 35
Ferry (Jules) 41, 44, 56
Flocon (Ferdinand) 24
Floquet (Charles) 44, 71
Fouché (Joseph) 11, 15, 16, 19

G
Gaillard (Félix) 82, 93
Gallieni (général Joseph) 71
Gambetta (Léon) 31, 35, 38, 39, 41, 54
Garnier-Pagès (Louis) 24, 25
Gaulle (général Charles de) 8, 26, 77, 79, 80, 81, 82, 83, 84, 85, 87, 88, 94, 95, 97, 98, 99, 100, 101, 102, 103, 104, 105, 106, 107, 108, 110, 117
Gaulle (Yvonne de) 102
Gérault-Richard (Alfred) 48
Giroud (Françoise) 90
Giscard d'Estaing (Valéry) 107, 108, 109, 111, 114
Gorguloff (Paul) 70, 71
Gouin (Félix) 83, 85
Grégoire (abbé) 13
Grévy (Jules) 32, 33, 39, 40, 41, 43, 44, 99
Guillaume II 59
Guizot (François) 21, 22, 34

H
Hébert (Jacques René) 16
Hennion (Célestin) 58
Henry (commandant) 51
Hernu (Charles) 112

Herriot (Édouard) 67, 68, 69, 89
Hitler (Adolf) 76
Hugo (Victor) 28, 29

J
Jaurès (Jean) 48, 57, 62
Jeanneney (Jules) 80
Jospin (Lionel) 99, 113, 115, 117
Jouhaud (général Edmond) 94, 101
Juppé (Alain) 99, 115

K
Kohl (Helmut) 113

L
La Rocque (François de) 72, 110
Lamartine (Alphonse de) 24, 25, 26, 27
Laniel (Joseph) 82, 84, 88
Laval (Pierre) 77, 80
Le Pen (Jean-Marie) 89, 113, 115, 117
Lebrun (Albert) 31, 32, 33, 69, 72, 73, 74, 77
Ledru-Rollin (Alexandre) 24, 25, 26, 27
Léon XIII 47
Loubet (Émile) 52, 53, 54, 55
Louis XVI 13
Louis-Philippe 21, 23, 34

M
Mac-Mahon (maréchal Patrice de) 31, 35, 36, 38, 39
Magnan (général) 28
Marat (Jean-Paul) 11, 12
Marchais (Georges) 110, 111
Marie (Pierre Marie de Saint-Georges, dit) 24, 25
Marie (André) 84, 88
Marie-Antoinette 15
Marrane (Georges) 97
Marrast (Armand) 24
Massu (général Jacques) 94, 100, 105
Mauroy (Pierre) 111

Mayer (René) 88
Méline (Jules) 52
Mendès France (Pierre) 82, 89, 90, 91, 105, 110
Messmer (Pierre) 107, 108, 114
Michel (Louise) 35
Millerand (Alexandre) 41, 62, 66, 67, 68
Mitterrand (François) 83, 89, 91, 99, 103, 105, 108, 109, 110, 111, 112, 113, 114, 115
Mollet (Guy) 9, 82, 90, 91, 92, 95, 110
Monnerville (Gaston) 89, 103
Monnet (Jean) 80
Morny (Charles Auguste de) 28
Moulin (Jean) 80

N
Nicolas II 50, 61

P
Painlevé (Paul) 62, 67, 68, 69
Pams (Jules) 61
Pasqua (Charles) 114, 115
Périer (Casimir) 21, 48
Persigny (duc de) 28
Pétain (maréchal Philippe) 76, 77, 79, 80, 82, 84, 110
Pflimlin (Pierre) 82, 93, 94, 95
Pie IX 27
Pinay (Antoine) 82, 88, 89
Pleven (René) 82, 88
Poher (Alain) 105, 106, 107
Poincaré (Raymond) 32, 60, 61, 62, 66, 67, 69, 72, 73
Pompidou (Georges) 98, 101, 103, 104, 105, 106, 107, 108, 114
Poujade (Pierre) 89

Q
Queuille (Henri) 82, 88

R
Raffarin (Jean-Pierre) 116, 117
Ramadier (Paul) 83, 85, 86, 110
Raspail (François) 26
Ravachol (François) 47
Reynaud (Paul) 76, 77
Ribot (Alexandre) 62
Robespierre (Maximilien de) 7, 11, 12, 13, 15, 16, 17, 18
Rocard (Michel) 111, 112, 113
Roland (Madame) 15, 29
Rouvier (Maurice) 54
Royal (Ségolène) 117

S
Saint-Arnaud (général Armand de) 28
Saint-Just (Antoine de) 11, 13, 15, 16, 17
Salan (général Raoul) 94, 101, 102
Salengro (Roger) 75
Sarkozy (Nicolas) 115, 116, 117
Schoelcher (Victor) 29
Schuman (Robert) 82, 84, 88, 93
Servan-Schreiber (Jean-Jacques) 90
Siéyès (Emmanuel) 18, 19
Simon (Jules) 35, 38
Stavisky (Alexandre) 73
Steinheil (Madame) 51
Syveton (Gabriel) 54

T
Talleyrand (Charles Maurice de) 18, 19, 28
Tallien (Jean Lambert) 15, 16
Thiers (Adolphe) 21, 23, 27, 28, 31, 33, 35, 36, 37, 40, 48,
Thorez (Maurice) 74, 83, 85, 86
Trochu (général Louis Jules) 35

V
Vaillant (Auguste) 47
Veil (Simone) 108
Vergniaud (Pierre Victurnien) 11, 13, 15
Villepin (Dominique de) 116, 117
Viviani (René) 56, 62, 67

W
Waldeck-Rousseau (Pierre) 52, 53, 66
Wallon (Henri) 32, 38, 39
Weygand (général Maxime) 77
Wilson (Daniel) 43

Z
Zeller (général André) 101
Zola (Émile) 50, 51

La vie parlementaire.
Une séance de la Chambre des députés dans les années 1880.
L'Univers illustré, 1879.

Bibliographie

Citer tous les ouvrages relatifs à l'histoire des Républiques et de leurs présidents est ici impossible : qu'on nous pardonne de n'indiquer que quelques titres de référence.
- AGULHON (M.), *1848 ou l'apprentissage de la République (1848-1852)*, Le Seuil, coll. « Points Histoire », 1992.
- BASTIEN (F.), *Le Régime politique de la Ve République*, La Découverte, coll. « Repères », 2006.
- BECKER (J.-J.), *Histoire politique de la France depuis 1945*, Armand Colin, coll. « Cursus », 1988.
- BERNSTEIN (S.) et WINOCK (M.), *La République recommencée, de 1914 à nos jours*, Le Seuil, 2004.
- BODINEAU (P.) et VERPEAUX (M.), *Histoire constitutionnelle de la France*, PUF, 2000.
- BORELLA (V.) et RAMONDY (K.), *Institutions et vie politique en France depuis 1945*, Ellipses, 2004.
- BOUJU (P.) et DUBOIS (H.), *La Troisième République*, PUF, coll. « Que sais-je ? », 14e édition, 1995
- CHEVALLIER (J.-J.), *Histoire des institutions et des régimes politiques de la France, de 1789 à nos jours*, Dalloz, 1991.
- DUHAMEL (E.), *Histoire politique de la IVe République*, La Découverte, 2000.
- FAUVET (J.), *La IVe République*, Le Livre de Poche, 1971.
- GARRIGUES (J.) et LACOMBRADE (Ph.), *La France au XIXe siècle, 1814-1914*, Armand Colin, coll. « Campus », 2003.
- GHERARDI (E.), *Constitutions et vie politique de 1789 à nos jours*, Armand Colin, coll. « Cursus », 2002.
- JULLIARD (J.), *La IVe République (1947-1958)*, Pluriel, 1980.
- MAYEUR (J.-M.), *La Vie politique sous la Troisième République (1870-1940)*, Le Seuil, coll. « Points Histoire », 1978.
- —, *Les Débuts de la Troisième République (1871-1898)*, Le Seuil, coll. « Points Histoire », 1978.
- MIQUEL (P.), *La IVe République. Hommes et pouvoirs*, Bordas Connaissance, 1972.
- PORTELLI (H.), *La Ve République*, Le Livre de Poche, 1987.
- RÉBÉROUX (M.), *La République radicale (1898-1914)*, Le Seuil, coll. « Points Histoire », 1975.
- VIGIER (Ph.), *La Seconde République*, PUF, coll. « Que sais-je ? », 8e édition, 2001.

Table des matières

7 Introduction

11 La Première République (1792-1804) ou la République confisquée

21 La Deuxième République (1848-1852) ou la République assassinée

31 La Troisième République (1870-1940) ou la République « républicaine »
  Adolphe Thiers (1871-1873) 33
  Patrice de Mac-Mahon (1873-1879) 36
  Jules Grévy (1879-1887) 40
  Sadi Carnot (1887-1894)) 44
  Jean Casimir-Périer (1894-1895) 48
  Félix Faure (1895-1899) 49
  Emile Loubet (1899-1906) 52
  Armand Fallières (1906-1913) 56
  Raymond Poincaré (1913-1920) 60
  Paul Deschanel (1920) 64
  Alexandre Millerand (1920-1924) 66
  Gaston Doumergue (1924-1931) 68
  Paul Doumer (1931-1932) 70
  Albert Lebrun (1932-1940) 72

79 La Quatrième République (1946-1958) ou la République mal aimée
  Vincent Auriol (1947-1954) 82
  René Coty (1954-1959) 84

97 La Cinquième République (1958-…) ou la République stabilisée
  Charles de Gaulle (1959-1969) 100
  Georges Pompidou (1969-1974) 106
  Valéry Giscard d'Estaing (1974-1981) 108
  François Mitterrand (1981-1995) 110
  Jacques Chirac (1995-…) 114

119 Conclusion

120 Repères chronologiques

122 Les présidents de la République de 1848 à nos jours

123 Index des noms propres

126 Bibliographie

Les Editions Ouest-France remercient
tout particulièrement Marie-Christine Lebrazi,
de la photothèque Ouest-France,
pour son précieux travail de recherche.

Éditeur
Christian Ryo

Coordination éditoriale
Isabelle Rousseau

Collaboration éditoriale
Julie Corouge

Conception graphique
Alexandre Chaize

Cartographie
Patrick Mérienne

Mise en page
Studio Graphique
des Éditions Ouest-France

Photogravure :
Micro Lynx (35)

Impression :
Mame Imprimeurs à tours (37)

© 2007, Éditions Ouest-France
Édilarge SA, Rennes
ISBN 978.2.7373.4026.0
Dépôt légal : Février 2007
N° d'éditeur : 5215.01.07.02.07
Imprimé en France

Retrouvez-nous sur www.editionsouestfrance.fr